JN295125

シリーズ「遺跡を学ぶ」092

奈良大和高原の縄文文化

大川遺跡

松田真一

新泉社

奈良大和高原の縄文文化
―大川遺跡―

松田真一

【目次】

装　幀　新谷雅宣
本文図版　松澤利絵

第1章　縄文人の足跡をたどって

1　大和高原の縄文遺跡

大和高原

列島規模の統一政権が誕生して以来、都が京都に遷《うつ》るまで日本の政治・文化の枢要の地であった奈良盆地の東方に、大和《やまと》高原とよばれる山塊地域が広がっている（図1）。本書で紹介する大川《おおこ》遺跡・桐山和田《きりやまわだ》遺跡をはじめ縄文時代草創期・早期にさかのぼる遺跡が分布する、縄文時代がはじまったころに縄文人が活躍した舞台である。

大和高原は平原地形が隆起して新たに浸食がはじまった幼年期段階の山地で、北側は標高二〇〇～三〇〇メートル前後の山地で、三重県から京都府の南部を西流する木津《きづ》川によってかぎられ、南側は標高五〇〇～六〇〇メートルの初瀬《はせ》・宇陀《うだ》川断層によって宇陀市と分水嶺で分かたれている。西側は奈良盆地東縁の春日山断層崖にまでおよび、東側は名張《なばり》川で伊賀市など

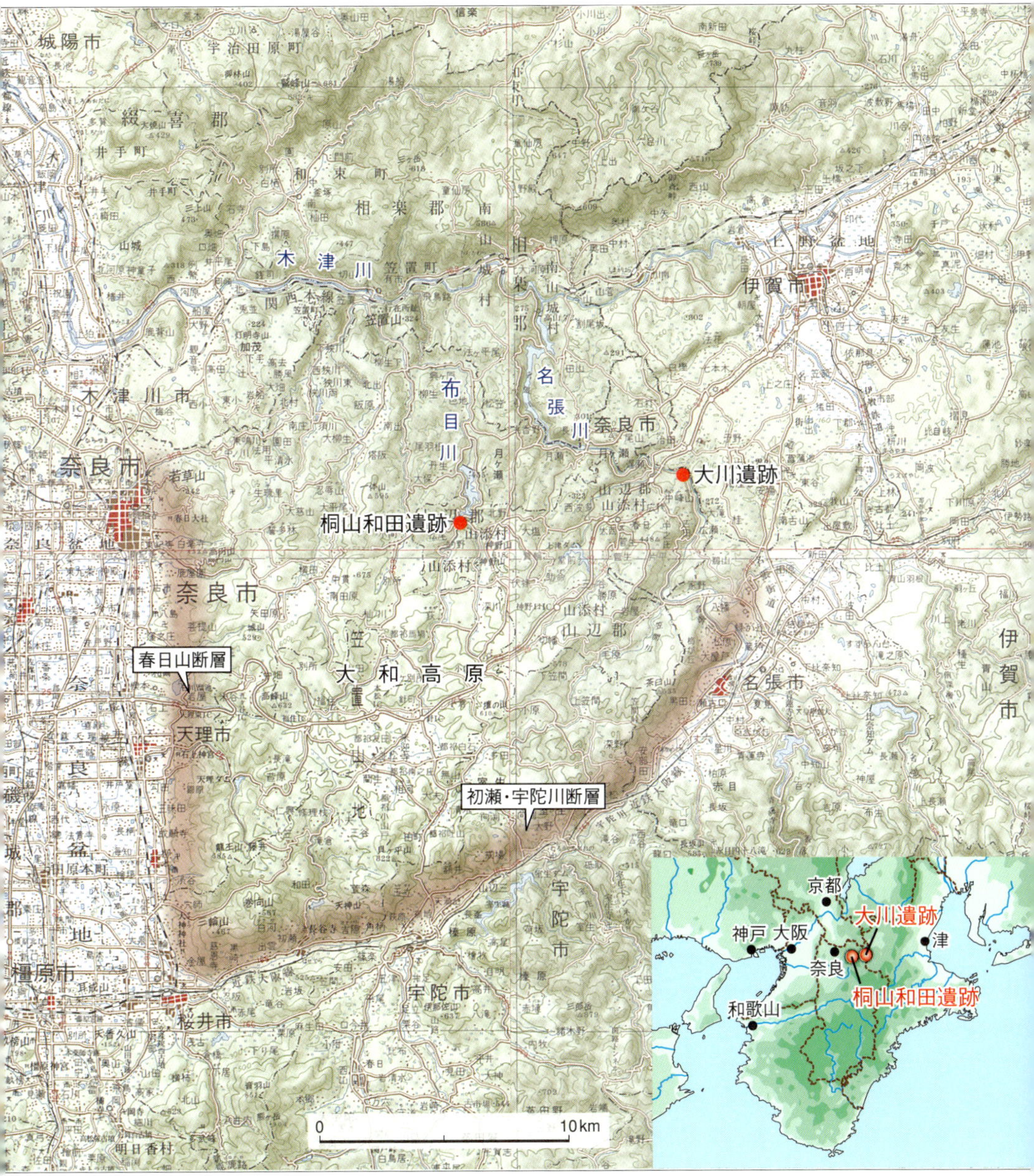

図１ ● **大和高原と大川遺跡、桐山和田遺跡**
奈良盆地の東方を占める高原地帯から、本書でとりあげる縄文時代草創期や早期の遺跡が発見されている。

と接している。

　この一帯は北に低いゆるやかな高原地形を呈していて、流域の雨水は南から北に高原をけずる各河川によって木津川に流れ込む。大川遺跡は木津川上流の名張川河畔に、桐山和田遺跡は木津川支流の布目《ぬのめ》川の河畔に立地する。

　大和高原は典型的な内陸性気候をしていて、平均標高が三〇〇メートル前後の高原地帯であるため、西側の奈良盆地や東側の伊賀盆地のなどと比較すると、気温は平均で二〜四度程度低い。また降水量も盆地部にくらべるとやや多く、平均年間降水量は一六〇〇〜一七〇〇ミリにのぼる。とくに四月の降水量は盆地部にくらべてかなり多い。一方、五月の降雨量は少ない。

高原の生活圏

　大川遺跡の眼前を流れる名張川は、奈良・三重の県境に沿い、名張市街地を西にまわりこむ

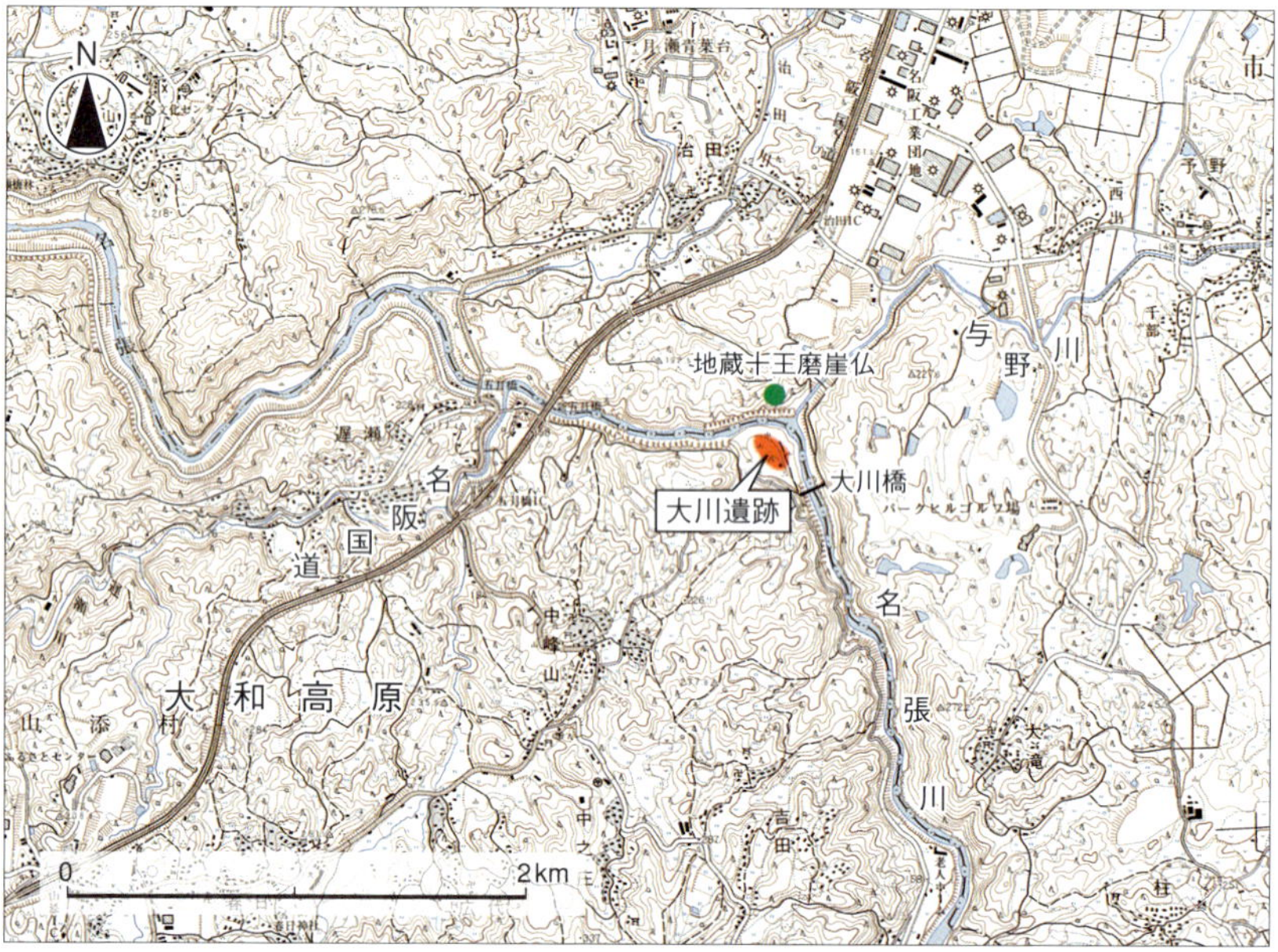

図2 ● 大川遺跡の位置
遺跡は奈良・三重県境を流れる名張川の左岸にあり、北東の三重県側から支流・与野川が合流する。

ようにさかのぼる。そこから青蓮寺《しょうれんじ》川と宇陀川に分岐し、県境一帯に広がる宇陀、奥宇陀、美《み》杉《すぎ》などの高原・山岳地帯を源流とする。この流域は、近畿地方でも縄文時代の遺跡が数多く分布している地域として知られている。

この地域ではおもに河川に沿うように縄文時代の遺跡が点在し、主要河川の本流だけでなく支流にいたるまで、河川の蛇行部に発達した段丘上で遺跡が多く確認されている。大川遺跡が立地するような低位の河岸段丘上は、当時としては絶好の居住環境にあり、住まいを中心に森を切りひらき、生活する拠点となっていたのである。

大川遺跡は、名張川が山添《やまぞえ》村中峰山《ちゅうむさん》付近で北西から西へ流れを変える、その屈曲部左岸に張りだした低位の河岸段丘上に位置する（図2・3）。この段丘は幅約二三〇メートル、奥行き約一三〇メートルで、約四ヘクタールの広さが

図3●大川遺跡全景（三重県側から）
1979年の2次調査当時の遺跡全景。早期の縄文人は、河川を臨む日当たりのよい平坦な段丘上を生活の拠点にした。

ある。南側は背後の山麓からのびてくるゆるやかな傾斜になっているが、中央部は標高一四〇メートル前後の平坦面が広がっている。

遺跡対岸の三重県側には、伊賀市方面から南流する与野《よの》川が名張川に流れこむ。現在、この付近で川を渡るには、遺跡のすぐ上流の大川橋という吊り橋によっているが、かつては「大川の渡し」と称し、渡船に頼っていた。一九八〇年代まで大川遺跡の周辺地形は、人工的な手が加わらない環境を保っていたが、一九六九年に名張川下流に完成した高山ダムの建設後、ダム湖周辺整備事業の名のもとに、遺跡と河川の間に無粋な護岸擁壁が立ち上げられ、縄文時代の地形環境の面影は失われてしまった。歴史的な経緯をふまえた環境整備という視点が欠けていることが惜しまれる。

なお、遺跡名である「大川」は、地元中峰山では当地を「おおこ」と呼んでいるので、一次調査以来、遺跡名もそれに従い「おおこ」と読んでいる。

2　大川遺跡の発見

偶然の発見と迅速な発掘調査着手

大川遺跡の発見は一九五六年の秋にさかのぼる。遺跡の対岸、三重県伊賀市側の岸壁には、地蔵と十王の磨崖仏《まがいぶつ》が刻まれていることが古くから知られていた（図4）。その磨崖仏の調査に訪れた奈良県橿原《かしはら》公苑長の職にあった土井実氏らが、偶然、縄文土器を採集した。「……磨崖仏を実査に来られた折、自動車が故障したため、付近の畑を散策するうち偶然土器片を表面採集したのである」と、後に刊行された大川遺跡の一次発掘調査報告書には記されている。

そして翌一九五七年一月、橿原考古学研究所の創立の契機となった橿原遺跡の発掘調査にちなんで開催されている恒例の新年会の場で、当時、同志社大学に籍をおいていた酒詰仲男氏が、土器片発見の経緯を耳にし、土井公苑長によって採集された土器片を実見したのである。それは表面に楕円形の凹部が並んでスタンプされた、押型文《おしがたもん》という文様のついた縄文時代早期の土器であった。

酒詰氏はその土器片に目を見開いたであろう。というのも当時、縄文時代早期の土器が各地で発掘され、注目されていたからである。その年の三月には長野県飯田市の立野《たつの》遺跡出土の縄文時代早期の土器が、松島透氏によって雑誌『石

図4●大川遺跡対岸の磨崖仏
1956年におこなわれたこの磨崖仏調査が、偶然にも大川遺跡の発見につながった。

器時代』誌上に紹介された。また近畿でも同年四月に、大阪府交野《かたの》市の神宮寺《じんぐうじ》遺跡の発掘調査報告が、片山長三氏によって雑誌『石鏃』誌上に掲載された。奇しくも中部と近畿の両地域において、その後縄文時代初期の土器研究に重要な位置を占めることとなる押型文土器が、相次いで学会に報告されていた時期であった。

大川遺跡の土器を実見した酒詰氏とともに、大川遺跡の発掘調査をおこなうことになる岡田茂弘氏も同年一月の時点ですでに、東西で明らかにされたこれら新出の土器に関わる情報を得ていただろう。この土器の出自や系統に関わる土器研究の動向にはとりわけ注意を払っていたと想像され、同年秋にさっそく大川遺跡の発掘調査に着手するにいたった経緯も、十分うなずける背景があったことがわかる。

こうして一九五七年九月なかば、土井実、池田末則、網干善教氏らとともに酒詰仲男氏は遺跡調査の予察と、地元土地所有者の承諾のために現地に赴き、同年一一月九日から同一三日まで五日間の日程で、大川遺跡の最初の発掘調査を実施したのである。

調査日誌をみると、一一月九日は午後から発掘にとりかかるが、一一日は降雨のためほとんど調査ははかどらず、実質的には四日ほどの発掘調査であった。調査は酒詰が主任となって、網干、石野博信、平野多賀文、匠咲子、吉川汨子、岡田茂弘氏らのほか、県立山辺高校の教諭や生徒も参加した。

土器の謎をさぐる発掘調査

発掘調査は河岸段丘上の中央部でもっとも奥行きのある地域に、等高線に交差するように幅約一・五メートルの三本の南北方向の試掘トレンチA・B・Cを設定して進められた（図5）。最初の発掘調査であることから、段丘の形成状態と遺物の出土層位を確認することに重きをおいたためだろう。

ここでは上層の褐色砂質土と下層の黒褐色砂質土とされた二層の縄文時代の遺物包含層を確認している。上層からは、早期の遺物もふくむがおもに磨消《すりけし》縄文《じょうもん》、貝殻条痕文《かいがらじょうこんもん》、擬似縄文《ぎじじょうもん》、凹線文《おうせんもん》などの後期の時期幅のあ

図5 ● 1次調査のようすと縄文時代の層序（Aトレンチ）
縄文時代の遺物包含層は、段丘の中央付近でもっとも良好な層序を形成していた。

る土器と石器が出土している。下層からは、早期の押型文土器（報告では捺型文《なつがたもん》土器としている）とそれにともなう石器が出土している。なお、Aトレンチはその中央よりやや北に寄った地点で、直交するように追加拡張している。

特記すべき遺物は、早期の押型文土器であった。一般的な楕円文や山形文《やまがたもん》を施した土器とともに、楕円文とは器表の凹凸が逆のネガティブな楕円文のほか、市松文《いちまつもん》や格子目文《こうしめもん》に加えて、縄文が用いられるなど、多様な文様組成を特徴とする一群の土器で、まさに酒詰氏らがその年の一月に注目した資料であった（図6）。

また、これらの押型文土器にともなって出土した石器には、小型の石鏃《せきぞく》のほか尖頭器《せんとうき》、削器《さっき》、石斧《せきふ》様石器、磨石《すりいし》類、石皿《いしざら》などがあった。

大川遺跡の一次調査に参加していた石野博信氏から、当時の調査ノートを拝見させていただいたが、そこでは下層の縄文土器のなかでも逆押型文（石野氏はネガティブな楕円文をこう表現している）の出土状態に注意が払われ、当時の新出土器であるこの種の押型文に対する高い関心がうかがわれる。また、Aトレンチで押型文土器にともなって五角形の特徴ある石鏃（図8参照）が出土していることも記録されている。

この発掘調査では、下層の遺物包含層の下面で、拳大の河原石を集めた「群礫《ぐんれき》」とよばれた集石遺構が二カ所みつかっている。集められた礫には熱せられた痕跡があり、周辺からは焼土の詰まった小土坑《どこう》が確認されていて、ともに炉に関係する遺構としている。

このように規模の限られたトレンチ調査ではあったが、縄文時代の遺物包含層の状態を明ら

図６● 大川遺跡１次調査出土の深鉢形土器
口縁部は強く外反し、頸部は締まり、胴部はふくらみ気味で、
尖底部は乳房状をしている。大川式独特の形である。

かにし、とくに下層において当時まだ事例の少なかった遺構を確認できたことに加えて、もっとも関心もって臨んだ早期の押型文土器の様相を把握するという成果を得て調査は終了した。

3　注目される西の縄文文化

大川式の命名

この大川遺跡の一次発掘調査の成果は、当時発見が相次いだ押型文土器をめぐる研究動向をふまえたためであろうか、調査後間をおかず整理され、翌一九五八年発刊の『奈良県文化財調査報告二』で、その内容が報告された。

そのなかで岡田氏は、出土した押型文土器を二群に分類している。約九〇パーセントを占める第一群土器（図7）は、平縁《ひらぶち》の口縁部《こうえんぶ》が強く外反し、乳房状尖底《にゅうぼうじょうせんてい》をなす深鉢形《ふかばちがた》土器で、文様構成は口唇部《こうしんぶ》、口縁部、頸部、胴部に明瞭で規則的な文様帯で区別されている。各文様帯には口唇部に刻目文《きざみめもん》、縄文、山形文を、口縁部には横位の各種押型文を、頸部には爪形文《つめがたもん》、刺突《しとつ》文《もん》、縄文などを、胴部には縦位の各種押型文を施文している。押型文土器全体の文様組成は市松文、特殊菱格子《ひしこうし》目文《めもん》を主体とし、山形文、格子目文などの押型文と縄文がともなうことに特徴をみいだしている。

こうして大川遺跡から出土した土器群は、従来から知られている押型文土器とは著しく異なった器形、文様構成、文様組成の属性を有する特徴ある土器群であることから、「大川式」として型式設定された。なお岡田氏は『日本の考古学Ⅱ　縄文時代』「近畿」（一九六五年）のなかで、大川式の文様の特徴を「押型文土器全体の文様組成は市松押型文が四〇パーセント、特殊菱形押型文が三〇パーセント、格子目文一五パーセント、山形文七パーセント、平行線状押型文三パーセントの押型文様で占められ、これに加えて縄文と刺突文が各々三パーセントからなる。」としている。

一方、大川式以外の押型文土器は、一〇パーセント前後と出土数は少ないものの、口縁部が外反せず、波状をなすものを含み、口縁部や胴部の文様帯の区別が明瞭でない特徴を有したものを二群土器

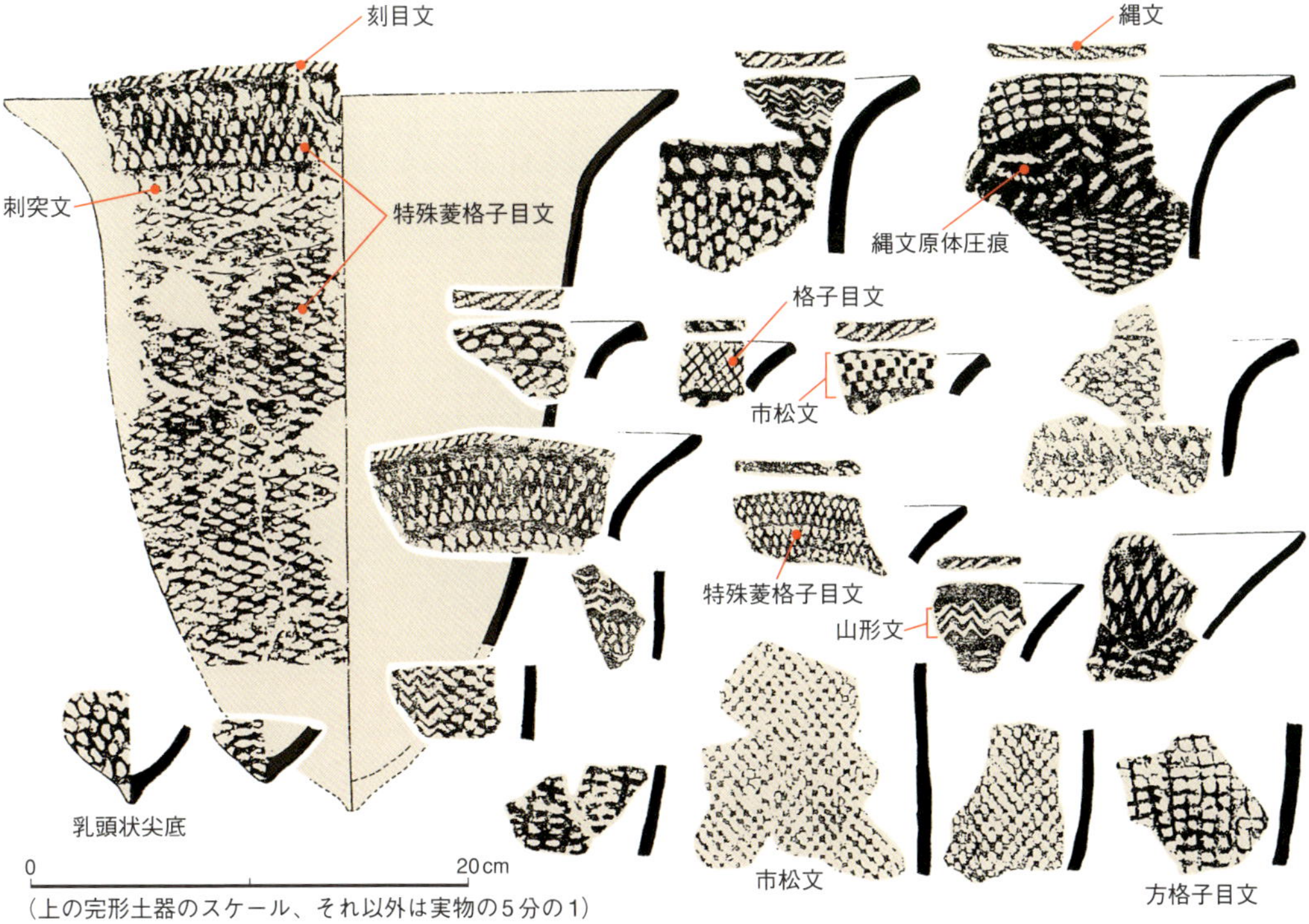

図7 ● 大川式土器と設定された土器の拓本
いずれも文様部分が凹んでいて、拓本では白くみえる。これは当時知られていた押型文の文様と異なり、大川式の特徴である。

として区別している。これらの土器に施された文様は不鮮明な山形文や楕円文に限られ、なかでも前者が多くを占めているとした。

大川式土器の位置づけ

先に述べたように、大川式が設定されたこの時期には、中部地方から近畿地方にかけて、大川式と編年上関係するとみられる押型文土器が出土している。当時一般的であった山形文や楕円文などとは異なる文様が主体となる資料として、先にもとりあげた神宮寺遺跡と立野遺跡から出土した資料との相違を手がかりに、相互の関係の議論が深められた。

『奈良県文化財調査報告二』ではつぎのように考察している。神宮寺遺跡では器形が類似し、比較的薄手で特殊菱格子目文や山形文が文様の多くを占める特徴があるものの、縄文はみられない。一方で爪形文が存在する点で相違があることを指摘している。立野遺跡との比較では、市松文を欠くなど一部の文様にちがいはあるが文様の構成は類似する。しかし、器形は典型的な大川式ほど外反しない点が異なるとする。ここでは大川式がもつ型式属性に類似した土器が、近畿地方から中部山岳地域に分布していることを評価している。

さらに当時、押型文土器の文様変遷を軸にした系統変化は、山形文から格子目文、さらに楕円文へ移行すると考えられており、これに照らすと大川式土器の編年的位置は、格子目文に後続し、楕円文に先行する段階におくことができるとされた。中部地方との関係では、立野式とともに樋沢《ひざわ》下層式と細久保《ほそくぼ》式の間におくことで、押型文土器としては比較的新しい段階の型式との認識であった。

生活用具の特色

出土した石器は尖頭器、スクレイパー、石錐《せきすい》、石鏃などもっぱらサヌカイトを用いた剥片石器類と、おもに花崗岩質や閃緑岩質の石材を用いた磨石や石皿などの磨製石器などがある点に注目している（図８）。磨製石斧については表面採集品があるほか、早期の包含層から出土した石斧様石器とされた粗い剥離調整仕上げの石器が一点あるものの、使用は低調だったと想定されている。

そしてスクレイパーや石鏃などのサヌカイトを用いた剥片石器類が、比較的安定して存在していることに意義をみいだしている。なかでもスクレイパーの一点にはグレイヴア・ファシット様の刻面がみられる特

図８●大川遺跡１次調査出土の石器
上段の石鏃や左側の石錐などの剥片石器は大阪・奈良県境の二上山産のサヌカイトを、下段の石錘や右側の磨石などは現地の川原石を利用している。

徴を指摘し、特殊な二次加工による彫器《ちょうき》の存在にも注目している。また、それまで押型文土器に通有な存在とされた鍬形《くわがた》石鏃とは異なった五角形態の石鏃と、新たに設定された大川式の土器との結びつきも示唆している。こうした石器のもつ意味については、第3章であらためてふれることにしよう。

注目される西の縄文文化

大川遺跡の最初の発掘調査がおこなわれた当時、近畿地方では縄文時代の遺跡調査そのものに、さほど大きな関心が払われることはなかった。とくに関東や東北地方で主導的に調査研究の成果が蓄積されつつあった縄文文化の始原にかかわる早期や草創期については、当地では語ることのできる資料はきわめて乏しかった。しかし、大川遺跡の発掘調査によって、東西の早期の土器の併行関係や系統問題が俎上にあがったことに加えて、当時の具体的な生活のようすを知ることのできる遺構や遺物に関する資料が得られたことで、いわば西の縄文文化が注目されるきっかけともなった。

縄文文化は日本列島に広く行きわたり、時期を通じて文化を構成する諸属性に共通する部分があることは事実だが、それと同時にそれぞれの地域の環境のなかで、独自の発展や展開をみせる要素も存在した。なかでもこの文化のはじまりと定着を考えるうえで、大川遺跡をはじめとした近畿地方における調査研究は、縄文文化の総体を理解するうえでもみすごすことのできない成果になったといえよう。

第2章　草創期にさかのぼる遺跡の発見

1　水没する遺跡をさぐる

布目川の文化財総合調査のなかで

一九七〇年代になると、奈良市の人口増加による水資源確保のため、市東部山間地域に水源を求め、木津川の支流である布目川に多目的ダム「布目ダム」建設の計画が進められた（図1参照）。ダム本体は奈良市邑地《おおじ》町だが、建設によって水没する布目川の大半は隣接する山添村に含まれているため、村では水没地およびダム建設で直接、間接的な影響が懸念される文化財の総合調査を実施した。

寺社や石造物など多分野の現地調査が実施されるなか、遺跡は地形観察や遺物採集などによる事前踏査では実態が明らかにできないため、確実な遺跡の存在を判断するための試掘調査が必要であった。そのため埋蔵文化財の調査はほかの分野の調査とは切り離して、耕作地や家屋の移転を待ってから本格的な調査に入ることとなった。

布目ダム建設によって水没する地域には、山添村桐山《きりやま》と北野《きたの》の二つの地区に、河川に面した比較的広くひらけた低位の河岸段丘が存在した（図9・10）。段丘平坦部での遺物採集では、中世の遺物が採取されたことはあったが、それ以前にさかのぼる遺物はまったくえられなかった。

図9● 上空からの布目川流域（縄文草創期の谷）
草創期の縄文人は布目川流域に分け入り、その足跡を2カ所の遺跡に残していた。

しかし、大和高原一帯では、第1章でもふれたように、河川の屈曲部にひらけた段丘上は、縄文人が集落を営んだり、一時的な滞在場所として利用していることが多く、また付近にめだって発達した河岸段丘がほかに存在しないことから、この二カ所の段丘上には縄文人が足跡を残している可能性が高いと思われた。

予想しなかった草創期の遺跡発見

大和高原を北流する布目川は、上流側の北野地区付近で鋭角に南東方向へ流れを変え、桐山地区の南東側で今度は北西側に大きく蛇行する（図9・10）。ここには川の蛇行部の南から東向き斜面と、川との間に河岸段丘が広がっている。標高は二七〇〜二七五メートルの範囲にあって、段丘平坦面と布目川河床の高さの差

図10 ● 上空からみた桐山和田遺跡・北野ウチカタビロ遺跡
渓谷がつづく川沿いに渉猟した縄文人にとって、蛇行部にひらけた段丘は格好の活動拠点となった。

は四メートル足らず。背後の尾根裾にあたる一部が宅地として利用されているが、平坦面の大部分は水田や畑などの耕作地に占められている。周辺部はクリ林やクズ群落地となっている。

一九八四年、まず布目川右岸の北野地区で試掘調査が開始され、河岸段丘末端付近に設けたトレンチで、押型文土器を含む縄文時代早期の遺物包含層が確認された。ここは「北野ウチカタビロ遺跡」と名づけられた。

引きつづき左岸の桐山和田地区でも試掘調査が実施され、同様に中世の文化層の下から早期の遺物包含層が発見された。さらに一カ所のトレンチで、早期の遺物包含層の下に無機質の砂礫層が介在し、さらにその下に、黒褐色の堆積層があることが確認された。押型文土器段階古相の文化層がある可能性を疑ったが、出土したのは口縁部に細い粘土紐を数条貼りつけた、縄文時代草創期の隆起線文土器だった。ここは「桐山和田遺跡」と名づけられた。奈良県ではじめて発掘調査によって確認された縄文時代草創期の遺跡である。

2　草創期の遺構のようす

重なる縄文の文化層

桐山和田遺跡の遺物を包含している地層とその基盤をなす地層は、段丘背後の尾根からの地滑りや風化土の崩落などで堆積した土壌と、布目川の流れによって供給された砂礫などの堆積物によって形成されている。これらの堆積層の状態（図11）は、背後の尾根が段丘面に埋没するあたりの傾斜変換線付近と、段丘の平坦面とでは著しく層序にちがいがみられた。

尾根の裾一帯には地山となる岩盤の上に、地滑りなどによって崩落した土壌が堆積していた。一方、広い段丘平坦面には川の堆積物が基盤となる砂礫層があり、縄文時代の遺物包含層はこの砂礫層の上に堆積していた。河川の影響を幾度も被り、砂質の土壌となっている。尾根裾付近では上に二層の早期の遺物包含層が、砂礫層をはさんで下には草創期の遺物包含層が堆積していたのである。段丘平坦面一帯では二つの遺物包含層はともに厚みを減じ、分離しがたい状態となっている。

石材の集積と遺物の集中地点

下に堆積する縄文時代草創期の文化層では、石材集積遺構などいくつかの遺構と二カ所の遺物集中地点がみつかった（図12）。

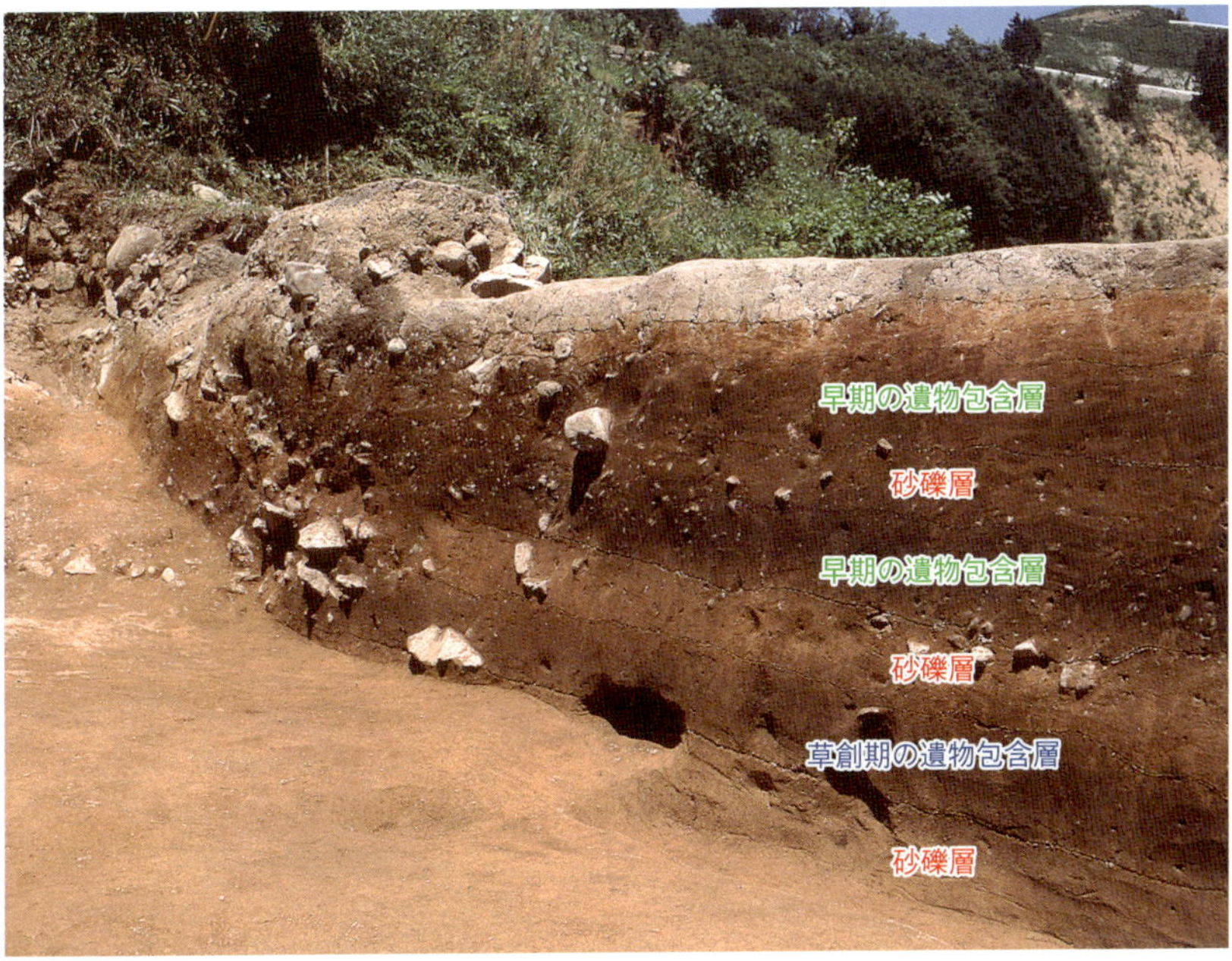

図11 ● 縄文時代早期と草創期の文化層
分厚い早期の２層の遺物包含層の下に堆積していた洪水の砂礫層をとりのぞくと、その下から草創期の遺物包含層があらわれた。暗い色の部分が遺物包含層。

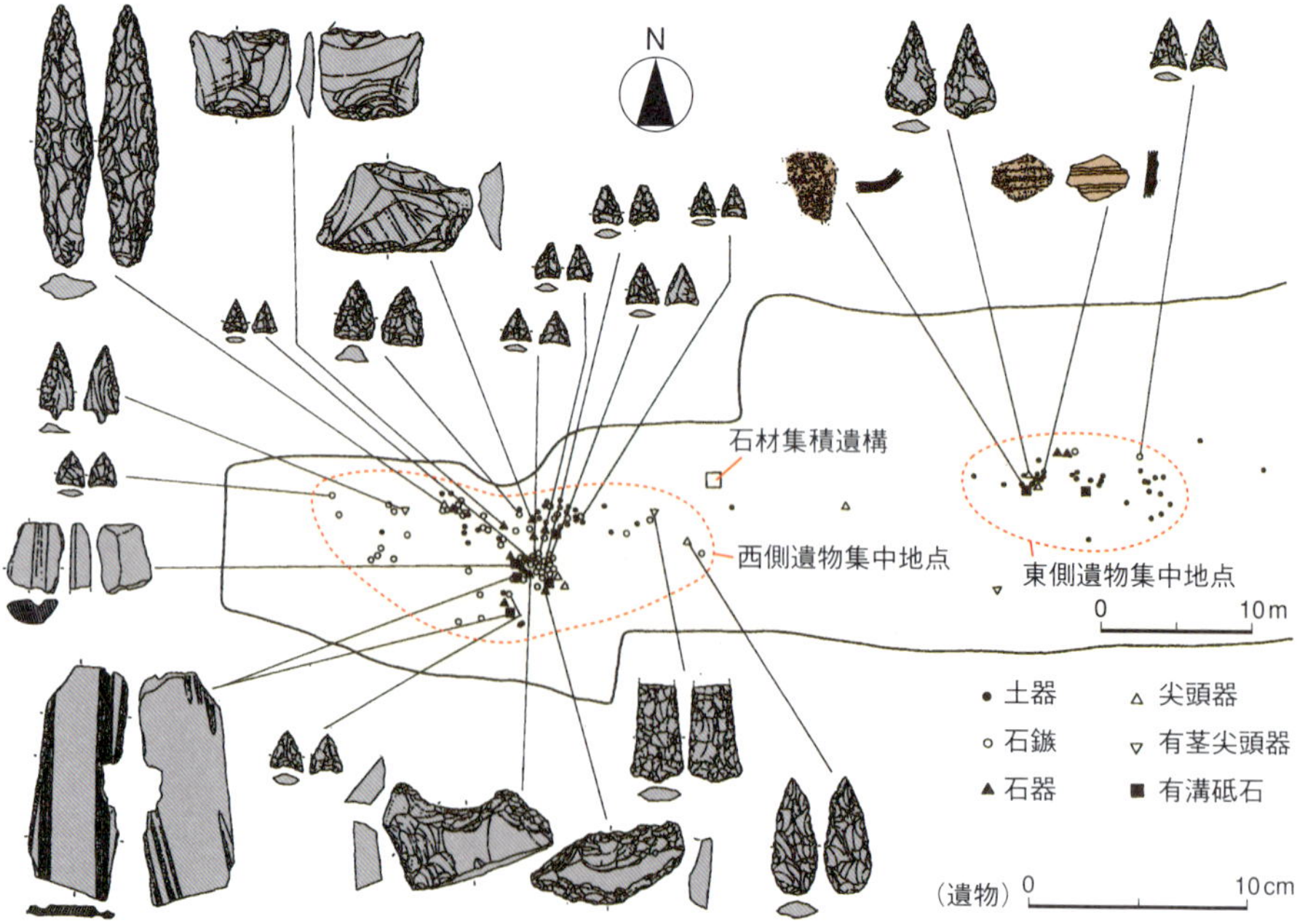

図12 ● 縄文時代草創期の遺物出土地点
住居跡や作業場跡はみつからなかったが、遺物が集中して出土する地点が2カ所確認された。

石材集積遺構は二カ所の遺物集中地点の中間付近にあり、長径一九センチ、短径一三・五センチ、深さ四センチのほぼ楕円形の浅い小穴で、内部にサヌカイトの剝片が折り重なるように詰まっていた（図13）。剝片は合計六五点で、小穴の壁面と出土剝片にはほとんど隙間がなく底面にも接した状態である。

剝片の長さは最大で六二ミリ、平均で三五ミリ、重量は最大で二二・二三グラム、平均で七・九六グラム、縁辺部や表面に自然面を残しているものが五七パーセントを占める。また、部分的な調整など二次的な加工を施したものは一四点で約二二パーセントにあたるが、意図的でない剝離も含まれる。剝片は互いに接合するものもあるが、複数の原石から剝離された剝片で構成されている。

草創期の遺物が集中して出土する地点は、遺跡内南西側の段丘面が比較的狭い場所にあった。西側の遺物集中地点は、南北約八メートル、東西約二〇メートルの範囲になるが、子細にみると、とくに遺物

図13 • 草創期の石材集積遺構
石鏃や尖頭器などの剝片石器や未完成品が多数出土した。
西側の遺物集中地点に隣接した場所でみつかった。

が集中する直径約二メートルの集中部が、東側に二カ所と西側に一カ所存在する。

ここから出土した土器はどれも細片で、文様や器形などが明らかな資料はない。石器には石鏃三六点のほか尖頭器三点、有茎《ゆうけい》尖頭器一点、有溝《ゆうこう》石器四点、矢柄《やがら》研《けん》磨《ま》器《き》一点、削器や掻器《そうき》など剝片石器が多数ある。また二次加工のある剝片や使用痕のある剝片を含む剝片や砕片が多数出土している。

東側の遺物集中地点は、南北約四メートル、東西約一〇メートルの範囲に広がる。遺物集中度は比較的まばらであり、石器よりも土器片が多い。集中地点の範囲内では西側と中央および東側に遺物のまとまりがみられ、西側の部分の集中度がとくに高く、土器片以外に尖頭器や有溝石器などをともなう。

集中地点から出土した土器の総数は三〇点前後で、細片が多いが、横走する二条の隆起線がある口縁部や、丸底に近い平底状を呈する器形をうかがえる破片もある。石器は石鏃二点、尖頭器二点、有溝石器

図14●草創期の土坑
遺物集中地点の周辺でみつかった土坑の多くは、直径が2m前後で、いずれも不定形である。

二点があり、ほかに二次加工のある剥片や使用痕のある剥片などが出土している。

草創期の遺物が多く出土した段丘南西地区では、一〇数基の土坑がみつかった（図14）。最大規模の土坑で直径が三メートルあまりあるものの、規模は大小さまざまで、形も不整形で、底面は平坦ではなく凹凸があり、深さも浅い。土坑にともなう土器や石器などの遺物は目立って多くはなく、いくつかの土坑は人為的に掘削された可能性は否定できないが、住居や生活にかかわる作業場所などの遺構とは考えにくい。

3　草創期の土器・隆起線文土器

桐山和田遺跡の土器の顔つき

桐山和田遺跡の調査で最下層から出土した土器は、表面に貼りつけ時の特徴ある痕跡をもつ低い隆線が施された、草創期の隆起線文《りゅうきせんもん》土器であることが判明した（図15上）。

近畿地方では京都府福知山市の武者ケ谷《むしゃがたに》遺跡や兵庫県丹波市の国領《こくりょう》遺跡などで、草創期の土器や石器の出土報告があったが、桐山和田遺跡で草創期の遺物組成がそろった文化層が認識できたことの意味は大きい。最終的に桐山和田遺跡の草創期の土器は、隆起線文土器、斜格子《しゃこうし》沈線文《ちんせんもん》土器、無文土器（図15下）からなることがわかった。出土数の目安になる推定個体数は、隆起線文土器が四個体前後、斜格子沈線文土器が一個体、無文土器が二五個体前後である。

隆起線文土器には、横位多条の細い粘土紐をらせん状に貼りつけ、その際の圧痕が明瞭な特

図15 ● 草創期の隆起線文土器と無文土器
上：粘土紐をらせん状に貼りつける特徴をもつ隆起線文土器。
下：無文土器。桐山和田遺跡では、隆起線文土器を上まわる数が使われていた。

徴をもつＡ１類と、より細い粘土紐によって間隔をあけて横位と縦位の隆線を組み合わせるＡ２類とがある。

Ａ１類に類似した資料は、神奈川県藤沢市の柄沢《からさわ》遺跡や、愛知県豊田市の酒呑《しゃちのみ》ジュリンナ遺跡などの出土土器にみられ、らせん状の隆線は宮崎県宮崎市の堂地西《どうぢにし》遺跡や椎屋形《しいやかた》第一遺跡出土品に、手法としてつながりがうかがえる例がある。一方、Ａ２類に類似する資料は、隆線の形状にややちがいがあるものの、山形県高畠町の日向《ひなた》洞窟や新潟県阿賀町の小瀬《こせ》が沢《さわ》洞窟のほか、長崎県佐世保市の福井《ふくい》洞穴や泉福寺《せんぷくじ》洞穴などから出土している隆起線文土器のなかに存在する。横位と縦位の隆線を組み合わせた文様構成などの点でも共通する。

土器の編年的位置づけ

今日の隆起線文土器の編年を参考にすれば、Ａ２類はその前半ないし後半はじめごろに、Ａ１類がそれに遅れて後半期に位置づけられる。Ａ２類とＡ１類は型式的に直接つながらず、両者の間には未発見の段階の型式が存在し、特徴的な貼りつけ手法をもつＡ１類の出現には、異なる系統の土器製作情報が介在した可能性もある。

一方、出土した無文土器は、出土状態などからみて、隆起線文土器に共存したものと考えられる。Ａ２類などには口縁部がゆるやかに外反し、端部を細く先尖り気味におさめる特徴のある無文土器がともなう。Ａ１類には、比較的大きい平底で口縁部がやや外反する無文土器の一部がともない、斜格子沈線文土器も同時期のものと考えられる。

隆起線文土器は草創期の土器群のなかでも古い段階におかれ、北海道と沖縄を除いた日本列島の広域に分布している。では、桐山和田遺跡出土の隆起線文土器（図16）は列島最古の土器なのだろうか。

隆起線文土器群は隆線を器面に施すという点で共通しているが、その施文手法、文様のレイアウト、器形などは地域によってかなりちがい、地域的な特徴が生じていることがわかる。このことは、隆起線文土器は土器使用の初期段階を経過した土器群とみなすことができ、もはや列島最古の段階の土器としてとらえることはできない。近年、型式学的検討あるいは伴出石器の検討が進められるなかで、隆起線文土器に先行すると考えられる土器群が提示されている。それは口縁部を厚くして飾りを加えた特徴をもった土器であるが、隆起線文土器との系統的な関係を十分に説明できるかが今後の課題となっている。

図16 ● 復元された草創期の隆起線文土器
図15上の隆起線文土器を復元したもの。口径25cm、高さ約30cmの、深いボウル形の丸底土器になると考えられる。

4　環境変化と狩猟技術の改革

石鏃にみる弓矢の普及

桐山和田遺跡からは、縄文時代早期と草創期のもの合わせて合計六九一点にのぼる石鏃が出土した（図17）。用途を想定できる石器のなかではもっとも多くを占める。出土した層位を良好に識別できたことと、形態による分類によって、早期以降の石鏃を分けることができ、草創期の石鏃を把握することができた。

草創期の石鏃は、おおむね正三角形ないし二等辺三角形をしていて、基部にわずかな弧状の浅いえぐりのあるものが主体を占める。個体差がほとんどなく、きわめて斉一性が高いことが、安定した存在となっていたことを示している。

また、これとは別に、基部に著しく深いえぐりのある特異な形態の石鏃も出土している。出土数はけっして多くないものの、出土状況などみて草創期に属すると考えてまちがいない。この形態の石鏃は「長脚鏃《ちょうきゃくぞく》」とよばれ、長野県諏訪市の曽根《そね》遺跡の出土品が典型とされている。

曽根遺跡では、隆起線文土器よりも後の段階の土器とされる爪形文土器にともなって出土している。ほかに同形態の石鏃が、やはり隆起線文土器よりも新しい多縄文《たじょうもん》土器段階の静岡県伊豆の国市の仲道《なかみち》A遺跡や、表裏縄文土器をともなう岐阜県坂下町の椛《はな》ノ湖《こ》遺跡からも出土し、このタイプの石鏃の下限がうかがえるが、伴出した土器を考慮すると、桐山和田遺跡の石鏃が時期的にもっとも古いと考えてよい。

基部のえぐりが浅い正三角形タイプの石鏃。もっとも数が多い。

右図の上から3段目右端と最下段のものは、長脚鏃ともよばれるタイプで、基部のえぐりがきわめて深いところに特徴がある。

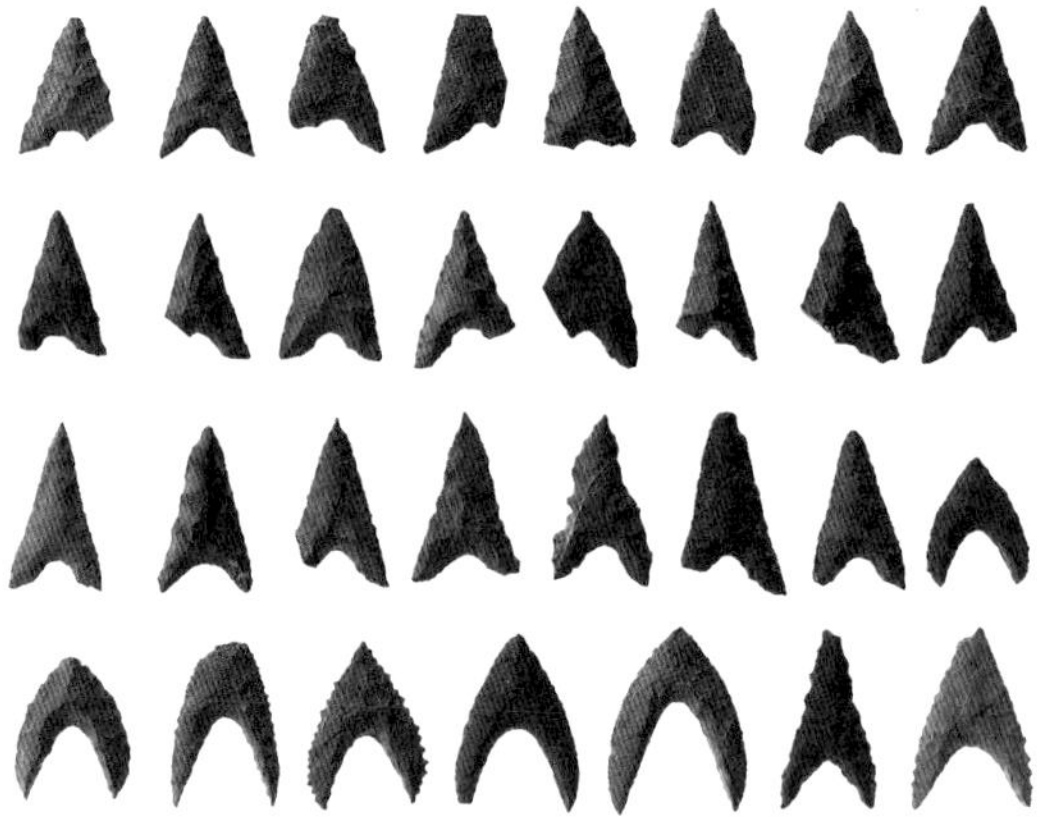

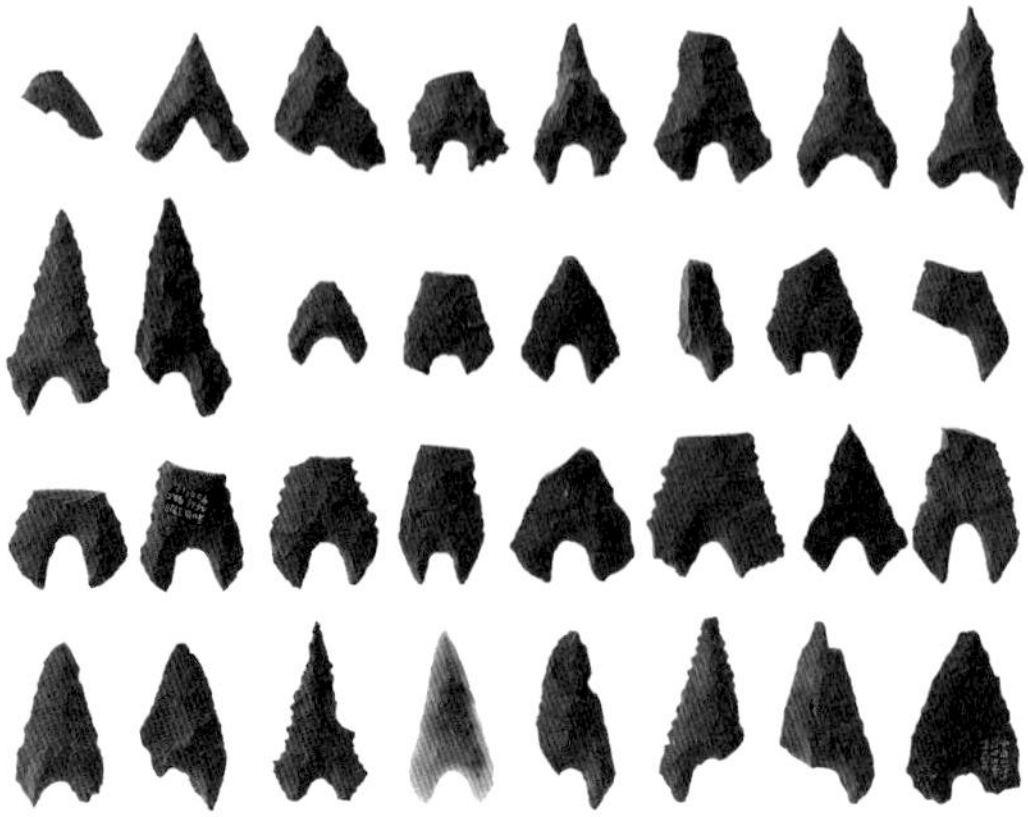

脚部が外に張りだすのが特徴で、基部のえぐりは逆U字形をしている。

図17 • 草創期の石鏃
草創期に属する石鏃は約300点出土している。形から、いくつかのタイプに分類できる。

このように複数型式におよぶ土器にともなって出土することを考慮してもなお、これらの石鏃が草創期の一定段階の特徴を示す石鏃として評価できるだろう。とくに桐山和田遺跡では、草創期に属する石鏃の概数が三〇〇に近いことに加えて、それぞれ一定の数量を備えた多様な形態の石鏃が併存することが、ここでの狩猟具の主体をなす石鏃の大きな特色といえる。

列島各地における隆起線文土器の段階は、いまだ弓矢狩猟の先駆けともいえる萌芽期にあると考えられているが、本遺跡の石鏃各タイプの組成や同時期の遺跡を大幅に上まわる出土量などから、この地では、弓矢の使用がすでに狩猟活動の首座を担い、技術的にも高い完成域に達していたことは確かである。

また用いられた石材の問題も興味深い。早期の押型文土器にともなうと判断できる石鏃の石材は、サヌカイトが約九七パーセント以上を占めていた。草創期の石鏃の石材も九四パーセントがサヌカイトを使用しており、かなりの高率ではある。しかしその一方で、黒曜石、下呂石、チャートなどサヌカイト以外の石材の使用率が早期の約二倍にのぼっている。こういった傾向は、近畿地方のほかの草創期の遺跡でもうかがえる特徴で、早期にみられるサヌカイト石材に集約強化される前段階の石材選択の様相を知ることができる。

精美な矢に込めた期待

後氷期にいたり日本列島は温暖化が進行し大陸から切り離され、縄文時代にはほぼ現在の野山に棲息する動物と大きく変わらない種によって構成され、イノシシやニホンジカがおもな狩猟の対象であったことが、各地の遺跡から出土する動物遺存体で明らかになっている。

弓矢は、動きの俊敏な中小の動物群に対応するには最適の狩猟具で、整えられた内容をもつ桐山和田遺跡の石鏃は、いちはやく弓矢への転換をはかった実態をよく示している。狩猟具として槍（図18）と矢のちがいといった問題だけにとどまらず、弓矢が飛び道具であることから、矢尻の量的な確保、弓の整備、有効に働く矢柄の製作など、付帯する準備が必要となったことだろう。

狩猟の方法も様変わりした。身を安全な場所に置いて、獲物を待ち伏せして射ることが可能となり、少人数での活動も十分可能となった。飛び道具の矢はロスも生じるが、多数を携帯できる利点もある。また、多様な形態をそろえた石鏃の内容を考慮すると、対象とする動物によって道具の改良や使い分けがさ

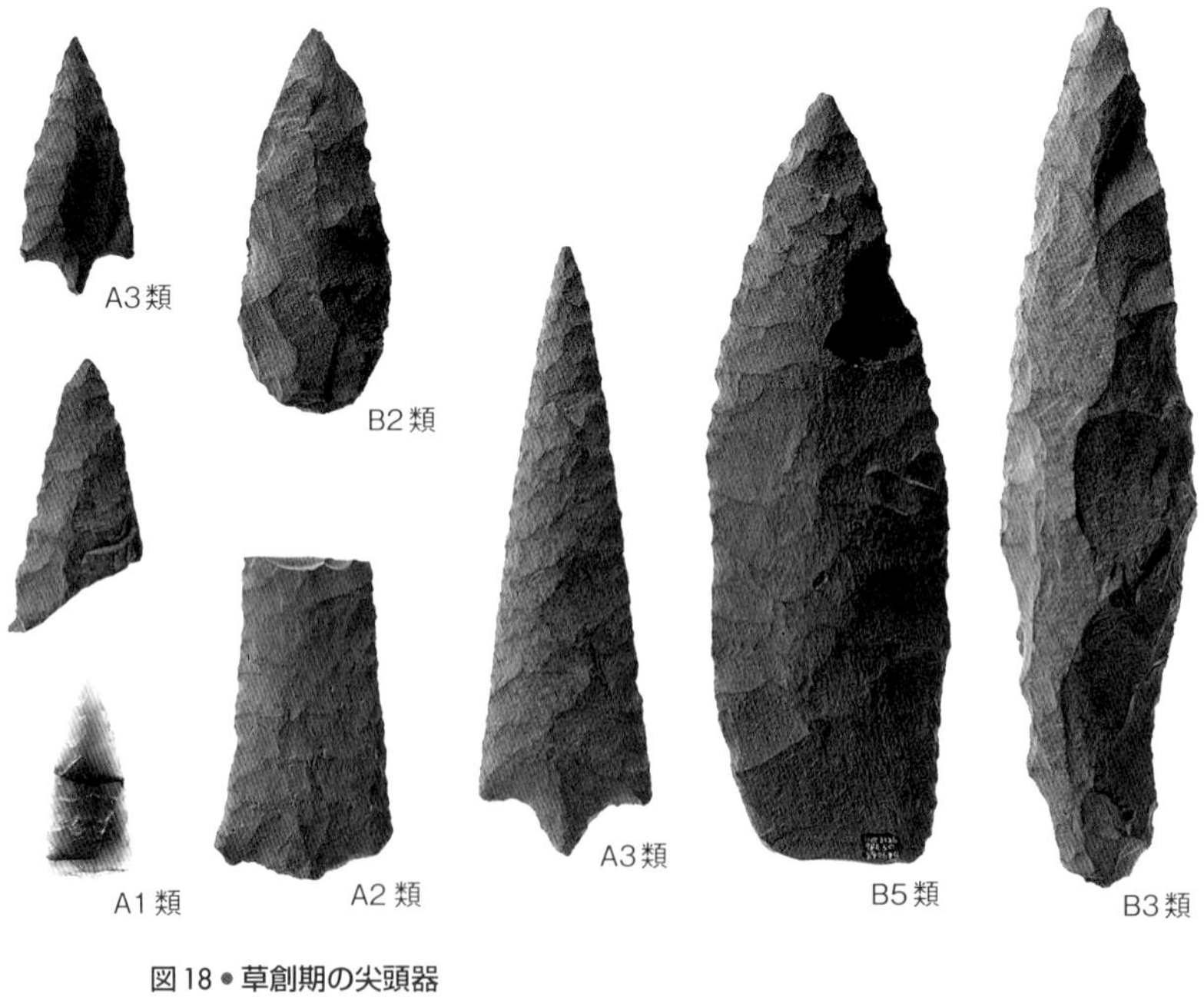

図18●草創期の尖頭器
槍先である尖頭器は24本出土している。大きさ、基部の形、厚みなどはバラバラである。狩猟具が槍から弓矢にとってかわる段階の状況を示している。

れたことも考えられる。本遺跡が明らかにした初期の石鏃の様相は、弓矢技術の高い水準を物語るものだろう。

わけても本遺跡から出土した石鏃は、多様さの一方でそれぞれのタイプは計ったように規格がそろい、どの個体も精美な形態にこだわっているようにさえみえる。必要以上にていねいに作りあげられた石鏃は少しの隙もみせないほどの出来で、技術革新をともなって新たに導入された狩猟具に対する、当地の狩人の並々ならぬ強い期待が感じられる。

矢の製作

桐山和田遺跡からは、器面に一本ないし複数本の直線的な溝を作出する特徴をもった「有溝《ゆうこう》砥石《といし》」ともよばれている石器が出土している。これらは二種類に分類でき、一つは石材を縦に半截した全体が蒲鉾形をした石器で、平坦となった破断面上に、主軸に沿って一本の溝を作出したもの。もう一つは扁平な板状石材の表裏両面に、前者より深い溝が複数認められる特殊な石器である。こちらは、平板な石材面を砥石として使用した形跡が明瞭ではなく、「有溝石器」と呼称したほうが適切だろう（図19）。

有溝砥石はかつて山内清男氏が、縄文時代初期に大陸から将来した石器の一つとして、三重県菰野《こもの》町出土の同種の石器などを例にあげて紹介した、「矢柄研磨器《やがらけんまき》」とよばれる石器である。用途は、同じ溝をもつほぼ同形の二個の石器を合わせ持ち、矢の柄をはさみ、それを押し引く摩擦熱を利用して、矢柄を真っ直ぐに整えるためのものである。

本遺跡からは一点しか出土していないが、対岸の北野ウチカタビロ遺跡からは四点出土している。西側の遺物集中地点におけるこの石器の出土状況は、石鏃との結びつきが強いことを示している。

矢柄研磨器は現在、日本列島で約五〇カ所、一〇〇点以上出土しているが、時代のくだる数例を除き、時期は草創期に集中している。海獣類の猟を特徴とする北海道のオホーツク文化など、後の時代に日本列島に入ってきたものがあったとしても、縄文時代草創期に丸鑿片刃石斧や植刃などとともに、大陸から将来した石器の可能性は高い。なお、この矢柄を研磨する道具が、早期以降ほとんど見られなく現象については、列島では早い時期に矢柄の材料が、木から竹へとってかわられたとする考えがある。

図19● 有溝石器と矢柄研磨器
1～3は北野ウチカタビロ遺跡、4は桐山和田遺跡出土の矢柄研磨器。5～7は桐山和田遺跡出土の有溝石器。

有溝石器の謎

さて、もう一方の板状石材を用いた有溝石器は、使用された石材が矢柄研磨器と異なること以外にも、溝が作出される位置や形状などに大きなちがいがある。桐山和田遺跡では破片も含めて八点、対岸の北野ウチカタビロ遺跡からも八点出土していて、どちらも矢柄研磨器の数を上まわる。

この種の有溝石器の全国的な分布をみると、ほぼ中部地方西部から近畿地方に限られている。矢柄研磨器が中部から関東地方にかけての地域を中心としながらも、北海道釧路市の東釧路遺跡から宮崎県宮崎市の清武上猪ノ原《きよたけかみいのはら》遺跡まで、全国的に広がっているのとは対照的である。時期については椛ノ湖遺跡では表裏縄文土器とともに出土し、和歌山県有田川町の野田・藤並遺跡では木葉形尖頭器や有茎尖頭器がともなっており、本遺跡や北野ウチカタビロ遺跡と同様に草創期に属する事例が多い。ただし、滋賀県大津市の蛍谷《ほたるだに》遺跡のように早期の押型文土器にともなうとみられる資料もある。

この有溝石器の特徴は平板な面に作出された溝にあり、それは矢柄研磨器よりも深く、断面がU字状で、かつ溝内に鮮明な線状削痕が残されている。加えて溝は直線的で、表裏両面にもある場合、表裏で溝の位置がほぼ一致し、両面からの溝の作出で、擦り切られたようにその部分で割れた破片がある点も特徴的である。ただし、擦り切った破片から製作した道具類は存在せず、加工具とみるのが妥当だろう。線状削痕がある溝の存在は、研磨剤などを用いて対象物を研磨した可能性がある。

狩猟具製作跡を検証する

さて、桐山和田遺跡の二カ所の遺物集中地点と石材集積遺構（図12参照）は、この地に滞在した人びとのどのような行動の跡を示したものなのだろうか。

東側遺物集中地点は、遺物総数が少なく集中度も低いが、石器や石屑が少ない反面、土器片が比較的多い。河川の影響をたびたび受けていたこともあって、焼土などの痕跡は確認できないが、土器を使った煮炊きの場所であった可能性が捨てきれない。

一方、西側遺物集中地点は、土器が少ない反面、石鏃、尖頭器、有茎尖頭器、有溝石器、矢柄研磨器、削器、掻器などの石器類のほかに、使用痕や二次加工が認められる剝片と、石器製作時に生じる細片であるチップが多数散乱する。石鏃や尖頭器のなかには未完成品が含まれるほか、矢柄研磨器、削器、掻器とともに加工具とみられる有溝石器も出土していることを考慮すると、狩猟具を中心とした道具製作の場と捉えることが妥当だろう。

石材集積遺構は、西側遺物集中地点の東側にあり、その小穴のなかには完成された石器はなく、部分的な加工がみられる剝片も含まれるが、総破片数六五点のなかの多くは、複数の原石に由来する剝片がまとめて置かれていた。これらの石材は、その狩猟具製作の場で用いられることになる石材の一部であったと考えることができる。

第3章　大川遺跡にみる縄文人の暮らし

1　河畔の住まい

二二年ぶりの発掘調査

大川遺跡は、一次調査から二二年を経た一九七九年一〇月、再び発掘されることとなった。この調査は段丘面における遺跡の範囲確認と、一次調査で確認された中心部の遺構の状態を把握することを目的としていた。

発掘調査は二次から五次まで四年間にわたって実施されたが、ここで述べる主要な調査成果は二次と三次の発掘調査で得られている。遺跡は一次調査以降に高山ダム建設にともない、遺跡の中核部と目される一帯が水資源公団によって買収され、二次調査当時大半は草地となっていた。

発掘調査は遺跡全体を網羅する四×四メートルの方眼をくみ、層序の把握と遺物の分布を確かめるためにグリッド調査方式で進められた（図20）。

その結果、縄文時代早期の遺物がまとまって出土したのは、一次調査でAトレンチとBトレンチが設けられた段丘中央部で、遺構も集中していることが確かめられた（図21）。中央部では二層の縄文時代包含層の区別も比較的明瞭で、早期の遺物包含層が三〇センチほどの厚みをもつ。しかし、中央部から離れた西側や名張川に近い段丘縁辺部付近では、遺物は極端に少ない。段丘西端付近でみつかった一基の集石遺構や段丘中央部との中間地域でみつかった二〜三の土坑を除くと、顕著な遺構はほとんど確認できず、遺物包含層も上下の層との境が不明瞭で堆積の厚みも薄い。

他方、縄文時代後期の遺物包含層は、

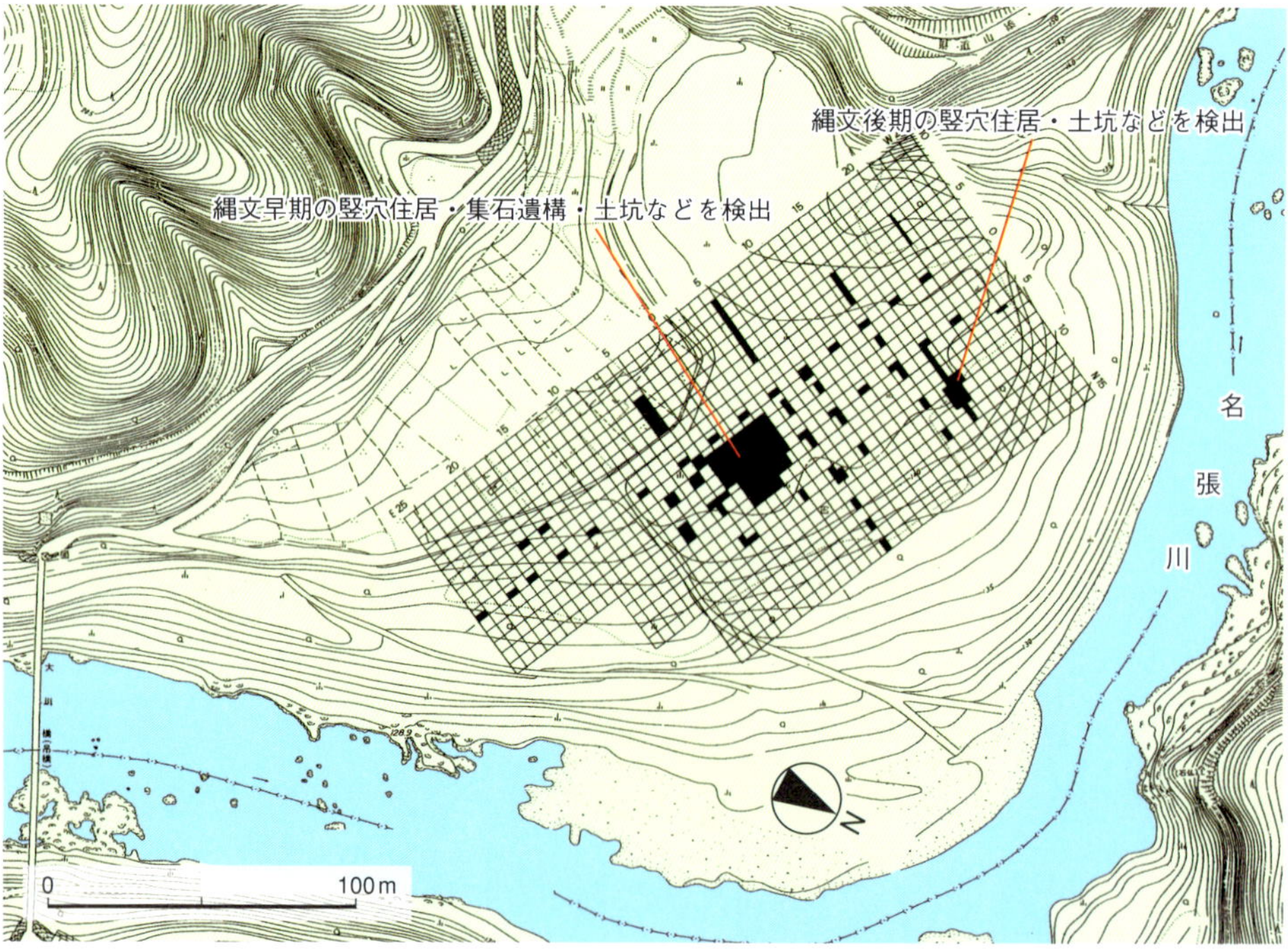

図20 ● 2～5次の調査位置とみつかった遺構
縄文時代早期の遺構は段丘中央部付近に集中し、後期の遺構は中央部にもあるが、段丘西部に中心がある。

段丘中央付近では早期と同様に厚みが三〇センチ前後あり、土坑などの遺構も点在するほか、遺物も相当量出土した。また段丘西端に近い場所にも、明瞭な遺物包含層が形成されていて、遺物がまとまって出土するだけでなく、炉をもつ隅丸方形の竪穴住居や、石皿状の石器を底に据えおいた土坑など、後期前半を中心とした時期の遺構の存在も確かめられた。

こうして、前章でみた桐山和田遺跡でわかった縄文時代草創期に続くこの地域における早期縄文人の活動が大川遺跡を通して明らかになっていった。以下、その内容をみていこう。

炉のない住居

遺跡中央付近でみつかった早期の遺構は、竪穴住居二基、集石遺構一〇基、土坑一二基、焼土坑一基である。一次調査の遺構も加えると、集石遺構は合計一二基、焼土坑は三基となり、遺構は段

図21 ● 3次調査の全景
中央の3カ所と右手前に集石遺構があり、左奥に竪穴住居が1基みえる。この場所は、図20・段丘中央部付近の早期遺構が検出された地区の南側半分にあたる。

丘中央部を中心に密集して存在していることがわかった。

　一五メートルほどの隔たりがある二基の竪穴住居跡（図22）のうち住居1とした遺構は、長径約三・八メートルのほぼ円形で、住居2は長径約三・五メートルの同じくほぼ円形を呈している。検出面からの深さはどちらも三五～四〇センチ程度である。早期の遺構が出土した基盤層が粗い砂質土壌のため、住居の輪郭は捉えられるものの、竪穴周壁の立ち上がりや掘り込みの形状はやや不明瞭さが否めない。

　二基の住居にはともに、床面にふぞろいな大きさの柱穴が数カ所不規則にうがたれているが、

図22 ● 縄文時代早期の住居1（上）と住居2（下）
2基の住居はどちらも円形で、屋内に炉を備えていない。
柱穴の位置や大きさもふぞろいである。

住居内に炉は設置されていない。その後発見された、近畿地方およびその周辺地域の押型文期の多くの住居でも内部に炉を設けていない。三重県亀山市の大鼻《おおばな》遺跡や多気町の坂倉《さかくら》遺跡など隣接する地域においても、押型文土器が出土する竪穴住居が多数みつかっているが、そこでも炉は設けられていない。ただし、三重県下の同時期の竪穴住居内や周辺からは、しばしば「煙道《えんどう》付《つ》き炉穴《ろあな》」とよばれる遺構がみつかっている。この種の炉穴は、竪穴住居と重複した先後関係にあり、住居に付設されたのではなく、屋外の施設と理解されているもので、後に機能との関わりでくわしく説明しよう。

二基の竪穴住居の構築時期は、出土した土器から推測できる。住居1は時期認定可能な床面出土の土器に恵まれないが、覆土から出土する土器の大半が神宮寺式によって占められている。住居2は土器の出土量がかなり多量で、床面出土土器に大川式の完形土器などがあり（図23）、住居2が先行して大川式段階に構築され、住居1は一型式後の神宮寺式段階に構築されたと考えてよいだろう。

図23 ● 3層からの押型文土器出土状態
縄文時代早期の遺物包含層からは、廃棄されたとみられる押型文土器が多数出土した。

密集する集石遺構

一次調査に引きつづき二次・三次調査においても、小礫が集中する集石遺構が一四基みつかっているが、これらは礫の集中度や構造のちがいなどから三つの類型に分類できた（図24）。

1類とした集石遺構は、礫が上下に重ならず、土坑のような掘り込みもなく、平面的に集中する。集石を構成する礫の大きさは一定でないが、拳大程度の礫が多く、被熱したものが含まれている。またその数は多くとも一〇〇個を超えない。ただし1類として包括したなかには、集中度が低くややや散漫に集められたものや、大きさのふぞろいな礫からなるものなど、規模や礫の状態が多様なものを含んでいる。

2類は土坑をともなう集石で、礫は土坑内に落ち込むように埋没している場合が多いが、土坑の底に密着している礫は少ない。土坑の多くは直径が七〇〜一五〇センチの規模だが、長径が二五〇センチにもおよぶ特別大きな土坑の集石遺構も一基存在する。礫は小さい規模で一五〇個前後だが三〇〇個前後のものが多い。ただし、上記の破格な規模の集石遺構では約一〇〇〇個にものぼる。礫の大きさは拳大程度のものが中心だが、多少大小のばらつきがある。被熱した礫が含まれているほか、多くはないが礫間や土坑内からは細かい炭化物が検出されている。まれに土器片が礫間で出土しているが、多数の土器片が出土する例はない。

3類は土坑を有する集石だが、構成する礫の多くが長さ四〇センチを超える大きさで、折り重なって土坑に落とし込まれた状態を呈している。礫には被熱した痕跡は一切なく、礫間や土坑内から炭化物や焼土も検出されていない。

1類

2類

2類

2類

2類

2類（特大の規模の集石遺構）

図24 ● 集石遺構
2類とした集石遺構が、近畿地方のほかの押型文期の遺跡でも多数みつかっている。

一次調査でみつかっていた二基の集石遺構は、断ち割りなどによる構造調査をおこなっていないため確実なことはわからないが、「直径七〇センチの円形に礫を密集させた遺構」という記述と報告にある平面図からみると、ここで分類した2類に該当する可能性が高い。この二基を合わせると、段丘中央部付近でこれまでにみつかった集石遺構は、1類が六基、2類が九基、3類が一基となる。

これらの集石遺構は確認される層位からみて、押型文土器に関連する遺構であることに疑いないが、集石遺構からは例外的な遺構を除きあまり土器は出土しないため、時期をさらに絞り込めない恨みはある。わずかに出土する破片は大川式ないし神宮寺式の範疇にあるので、集石遺構の多くは押型文前半期に属するとみなすことができる。

2　石蒸し調理の跡

集石遺構の構造と用途

集石遺構は縄文時代の遺跡ではしばしばみつかる遺構だが、地域と時期によってその構造や形態はさまざまである。大川遺跡で多数発掘された集石遺構のなかで、もっとも数多く確認された2類に類似した集石遺構は、近畿地方各地の押型文土器が出土する遺跡から数多く発見され、普遍的な施設として認識されている。また近畿東部から東海地方では、後続する条痕文土器の時期にも、この2類とした集石遺構と同様の施設がともなうことがよく知られていて、地域的な広がりと時期を越えた継続性がある。

さて、これらの遺構の機能については、集落内における位置や、遺構を構成する礫の状態などから検討されている。おもなものだけをとりあげても、調理施設、祭祀施設、埋葬施設、土器焼成施設などさまざまな解釈が提示されている。

住居との関係では、本遺跡をはじめいくつかの遺跡では、竪穴住居が出土するほとんどの場合、それに隣接して存在する。その一方で、住居が設けられていない遺跡でも集石遺構だけが出土する場合があり、恒常的居住の場と密接に関係するが、短期的滞在にも必要な施設と理解できる。

そして、礫には火熱をうけたものが多く、礫の間や土坑内から炭化物が検出される場合があること、貝塚など人骨が保存されるような環境の遺跡でも人体埋葬の痕跡がみられないこと、特殊な遺物や祭祀に関わる遺物をともなう事例がないこと、土器の破片がともなうことはあっても土器を主体的に用いる施設とは考えにくい出土状態などを勘案すると、礫を利用した調理のための施設とみるのが妥当だろう。

調理法を民族資料から推しはかる

では、どのように調理をしたのだろうか。一次調査を担当した酒詰氏は、現代の民族例を引き合いにして、この集石を用いた調理施設としてストーン・ボイリングを想定している。ストーン・ボイリングとは、食物と水を入れた容器に焼いた石を直接ほうり込んで煮沸させる調理法である。しかし、土器を用いることが前提のストーン・ボイリングがおこなわれたとするには、礫の数が必要以上に多いことや、破格の規模の集石遺構が大川遺跡の三次調査でみつかったことからすると、否定的にならざるをえない。

これとは別に、やはり東南アジアから南太平洋の島々にかけておこなわれている調理法の一種として知られる、石蒸し料理が参考になるとする見方がある（図25）。それは地面に穴を掘り、タロイモや肉などの食物をバナナなどの葉で包み、かたわらで十分焼いて熱した石を放り込んで、水をかけ葉でおおい、蒸し焼きにする方法である。

本遺跡はじめ縄文時代の遺跡でみつかっている2類とした集石遺構は、そういった調理が想定できる施設の可能性が高いと考えられる。集石遺構にともなって検出されている焼土坑は、石を焼いた痕跡と考えると両者の関係が理解しやすい。加えて、1類とした集石遺構は集中度が低く、礫が

図25●パプアニューギニア・コペン村の石蒸し料理「ムームー」
バナナの葉と焼けた石、草などで材料を密封し1時間半おき、開封しているところ。

自然に散乱しているものとの区別が難しい場合もあるが、これらのなかのいくつかは調理がすんだ後、調理施設からとりだした礫を集石として認識している可能性もあろう。

ただし、ここで2類とした土坑をともなう集石遺構は、例外なく礫が土坑内におさまった状態でみつかっている。蒸し焼き調理をし食物をとりだした後、礫を散らかしっぱなしにせず、おそらく土坑内に戻したのであろう。集石遺構の遺存状態からみて合理的に説明できそうだが、実験的な検証も必要かもしれない。

煙道付き炉穴の機能は

近年、押型文土器が出土する遺跡の調査事例が増加するなか、隣接する三重県ではとりわけ押型文期の竪穴住居の発掘例が相次いでいる。そこでは前述のようにしばしば集石遺構とともに、煙道付き炉穴とよばれる特殊な構造の施設が頻出して注目されている。

この種の炉穴は竪穴住居に併設された施設ではなく、集石遺構と同様に住居の周囲に配置されていたと考えられている。なかでも松阪市の鴻《こう》ノ木《き》遺跡では、発掘された竪穴住居数をも上まわる、二二基の煙道付き炉穴が確認された（図26）。坂倉遺跡でも竪穴住居の四倍以上の煙道付き炉穴が確認されている。

いずれの遺跡でも、同時にみつかっている集石遺構の数を上まわる。遺跡の状況から両者の時期が異なるとは考えがたく、煙道付き炉穴は集石遺構とは異なった目的をもってつくられた施設とみなさざるをえない。

鹿児島県霧島市の上野原《うえのはら》遺跡など南九州地方で多数発掘されている「連穴土坑《れんけつどこう》」とよばれる縄文時代早期の類似遺構は、使用実験などを通して、肉の燻製用施設と判断されている。とすると、三重県などでみつかっている煙道付き炉穴跡も燻製用施設なのだろうか。しかし、これらからは完形に近い土器が出土する場合があり、燻製製造を目的とした施設とするには疑問があり、また調理関連の遺構だとしても、石蒸し調理施設と想定される集石遺構と、どのように使い分けられていたのか、具体的な用途の解明が待たれる。

なお、煙道付き炉穴に類似した遺構は、右に述べたように、南九州地方や東海から関東地方でもみつかっている。これらが系統的に関連するとみて、西から発展しつつ東へ波及したみる解釈があるが、現在の煙道付き炉穴の分布は地域的偏りがあり、容易に証明できない。ただし、この炉穴は構造上、トンネル部分が崩壊しやすく、地質や遺構の保存環境によっては確認が困難な遺跡もあろう。大阪府東大阪市の神並《こうなみ》遺跡では、煙道付き炉穴の残骸ではないかという遺構をかろうじて確認したとも聞いており、今後は当該時期における集落構造の一角を担う施設だった可能性を認識しておく必要がある。

図26 ● 三重県松阪市の鴻ノ木遺跡の煙道つき炉穴
廃絶した竪穴住居のくぼみを利用したと説明されている炉穴で、焚き口と考えられる側からトンネル状に掘り抜いて煙道部をあける構造。

3　住居の普及と道具の発達

縄文時代早期の竪穴住居のくらし

二次の発掘調査がおこなわれた当時、近畿地方では縄文時代全体を通じても、竪穴住居の発掘数は二〇基にも満たない程度であった。まして早期にさかのぼる竪穴住居の存在は、兵庫県豊岡市の神鍋山《かんなべやま》遺跡などであまり明瞭でない形態の竪穴住居がみつかっていたが、その構造や形状についてはほとんど明らかにされていなかった。

そうしたなかで大川遺跡の竪穴住居は、一定の場所に長期に滞在するという生活様式が、押型文土器前半期には一般的になりつつあったということを強く印象づけるものであった。これ以降、縄文時代早期の竪穴住居に対する認識が新たにされたこともあり、奈良県山添村の鵜《う》山《やま》遺跡、上津《かみつ》大片刈《おおかたがり》遺跡、川上村の宮《みや》の平《だいら》遺跡、三重県側では坂倉遺跡、大鼻遺跡、明和町の西《にし》出《で》遺跡、井《い》ノ広《ひろ》遺跡、福井県おおい町の岩《いわ》の鼻《はな》遺跡など、近畿地方やその周辺地域で、一部に平地住居を含むものの、確実な竪穴住居の発見が相次ぐこととなる。

この時期の竪穴住居の規模は、前期以降と比較すると概して小さい。岩の鼻遺跡の竪穴住居が直径約七メートルあるのが、この時期としてはかなり例外的で、そのほかの住居は直径が五メートルを超えないものがほとんどである。

上部の屋根構造を支える柱は床面にうがたれた柱穴の存在によって確認できるが、この時期の住居の柱穴で、規則的に配置されたものはほとんどなく、柱穴の規模も小さくかつ浅くてふぞろいな事例が多い。広い空間を十分に確保できるような屋根構造をもっていたとは考えがたい（図27）。

屋内の炉は調理施設であると同時に、暖をとる用途もあったわけで、竪穴住居には必ず炉が設けられると思われがちだが、押型文期の多くの住居では屋内に炉がない。大和高原は近畿地方のなかでは冬の寒さの厳しい地域であり、現在より平均気温が低かった当時、越冬期の過ごし方については、地域を越えて移動した可能性も含め、通年の生活サイクルのなかで検討しなければならない。なお、住居の規模がほかの時期のものとくらべて相対的に小さいことについては、屋内に炉をもたないことや、屋外に設けられた調理用と考えた集石遺構の存在が関係している可能性があるのだろう。

狩猟技術に磨きをかけて

尖り底をした独特の形態の大川式土器を携えて、

図27● 三重県明和町の西出遺跡の竪穴住居
近畿地方では近年、縄文時代早期の竪穴住居の発見例が増えているが、ほとんどは炉を備えず、簡易な構造をしている。

名張川の段丘を根城に暮らした彼らの日々の生業活動の内容をみてみよう。

酸性砂質土壌の大川遺跡の場合、出土する遺物は土器と石器に限られる。周囲の環境にどのように働きかけて生活の糧を得ていたかを知るには、石器が重要な鍵を握る。

大川遺跡から出土する石器は、具体的な労働の種類によって分けることができる。まず狩猟具としては石鏃が目立つ存在で（図28）、早期に属すると判断した石器に限ると、石器総数三二六点に対して石鏃は一九九点出土していて約六一パーセントを占める。

早期に属する石鏃は後期のものと比較すると概して小型であることがわかる。時期が明らかなほかの遺跡の石鏃との形態比較によって、土器型式との対応が特定できる石鏃がある。大川式と神宮寺式土器には以下にとりあげる二つのタイプ以外にも、同時に使用された別のタイプの石鏃があり、使い分けがあった可能性があるが、土器との結びつきがとくに顕著な二つの石鏃を紹介する。

両側辺の肩が張り、基部のえぐりが浅い特徴をもった五角形石鏃が大川式土器にともなう。長さは平均一・七六センチ、重量は平均〇・四六グラムで、〇・三〜〇・四グラムの範囲の個体がもっとも多い。これに対して、おもに基部に逆V字状のえぐりのある二等辺三角形の石鏃が神宮寺式土器との結びつきが強いことがわかった。このタイプの石鏃の長さは平均で二・一九センチ、重量は〇・六七グラムとなる。軽量でかつ小型の石鏃から、形態の異なる重量を増した石鏃への転換が図られた。この間、狩猟対象動物に大きな変化はなかったものと考えられ、弓のちがいや狩猟の方法になんらかの変化があったのか、または製作技術の問題が関係している

図28 ● 大川遺跡出土の石鏃
上：五角形鏃とよばれ、大川式土器との結びつきが強い。下：二等辺三角形をしていて基部の逆V字形えぐりが特徴的で、神宮寺式土器との結びつきが強い。

かもしれない。

狩猟具としてほかに石槍があるが、これは前代・草創期に槍から弓へという狩猟技術上の大きな革新期を経過した結果、早期に属する穂先と考えられる石槍の数はわずか五点に限られる。また形態も不定形で個体差も大きく、もはや槍がその存在感を失ったことを如実にあらわしているといえよう。

遺跡内における石鏃の遺存形態をみると、欠失部がなく完形のものが五一パーセント、欠損品が三九パーセント、未製品が一〇パーセントの割合となっている。欠損品には製作過程での欠損のほか、使用時に欠損して矢柄とともに回収されたものも含まれるだろう。発掘時の微細遺物の回収率の問題もあろうが、意外にも完形品が多くを占めている。矢は消耗品なので、日常的な狩猟活動を支えるために、ある程度のストックが必要であったのかもしれない。

石鏃や尖頭器などの剝片を利用した石器には、一部にチャートやフリントといった石材なども用いられているが、ここでは九割以上は大阪と奈良の府県境にある二上山周辺で産出する安山岩（通称サヌカイト）を用いている。大川集落に住んだ人びとにとって、サヌカイトは狩猟具以外に削器、掻器、石錐、楔形石器などの加工具の主要な石材と認識されていた。

重要だった植物質食糧と加工具

石鏃や削器などの剝片石器とともに、早期の石器を構成する重要な一群がある。それは遺跡周辺の河原石を利用した磨石、敲石《たたきいし》、凹石《くぼみいし》、石皿などの礫石器《れきせっき》ともよばれる工具類である。出土数は早期に属するものだけでも磨石、敲石、凹石が合わせて三二点、石皿が六点ある。

磨石、敲石、凹石には大小あるものの、多くは片手に握ることができる程度の大きさの固形石鹸のような形態で、表面にのこされた摩耗部、敲打部、くぼみ部などの使用痕跡によって分類している（図29）。しかし、実際にはこれらの複数の痕跡が、同一個体にのこされている場合も多く、「磨る」や「敲く」行為が一個の石器で事足りたことや、一つの目的のために異なった行為が一連の作業としておこなわれた場合があったことも想像される。また凹石にのこされた痕跡をくわしく観察すると、ほとんどの個体の表面に右上がりの痘痕《あばた》状となったくぼみがのこされており、右手に石器を握って作業した軌跡を、対象物との接触痕跡となって確認することができる。

これらの石器の存在と縄文時代の遺跡におけ

図29●「磨る」や「敲く」痕跡をもつ磨石類
表面に磨ったり、敲いたような使用痕跡があり、多機能な石器といえよう。

る植物質食糧の検出事例を参考にすると、磨石、敲石、凹石などの石器類と、石皿を用いた堅果類の加工処理との関係がみえてくる。

縄文時代草創期にさかのぼる鹿児島県志布志市の東黒土田《ひがしくろつちだ》遺跡で確認された土坑からは、コナラ属のドングリが出土している。この土坑は貯蔵のために掘られた穴と考えられるが、食糧として利用するにはドングリの灰汁《あく》抜きが必要であり、外皮の打割や製粉作業には磨石類や石皿が用いられたのだろう。草創期にさかのぼる貯蔵遺構は、時代を通して植物質食糧を主たる食糧資源として利用していくことになる先駆けともいえ、わけても各地でドングリやクリ塚などが集落や周辺でみつかっていることは、さまざまな食糧資源があるなかで堅果類に多くを頼っていた実態を教えてくれる。

また磨石類などの礫石器は多様な目的のための万能石器としての役割も担っている。木器や骨角器などを製作するのに用いられるほか、剝ぎとった樹皮をさらして編み物や縄などの繊維を作る際や、皮なめしなどにも用いられた可能性が高い。自然の素材を巧みに利用して、独自の生活道具や生活用品を生みだした縄文時代の工芸技術発展の基盤には、こういった石器類の活用があったことを忘れることはできない。

第４章　定住社会への胎動

1　定住生活の実態

姿をみせた初期の住居

近年まで近畿地方では、縄文時代草創期の遺構はほぼ皆無であったが、桐山和田遺跡で遺物集中地点や石材集積遺構が確認されたことは、条件さえよければ遺構が残存している可能性を示した。

一九九七年、三重県の櫛田川中流域に立地する粥見井尻《かゆみいじり》遺跡で、近畿地方でははじめて草創期にさかのぼる四基の竪穴住居が発掘された（図30）。直径が約四〜六メートルで、円形ないし楕円形をしていて、重複した住居は建て替えもしくは同じ場所への回帰があったことを示す。住居内に炉は設けず、竪穴の壁の内側ないしは外側に沿って小さい柱穴がめぐり、上屋を垂木で直接支える構造であったと思われる。

住居からは薄手の無文土器のほか隆起線文、爪形文、縄文圧痕文土器が出土し、住居を含むこの場におけるある程度の居住時間幅を想定させる。そのほか矢柄研磨器、石鏃、有茎尖頭器、石皿、石錐、掻器、削器、二点の土偶などが出土している。

さらに二〇一〇年には、滋賀県東近江市の相谷熊《あいだにくま》原《はら》遺跡で、五基の草創期の竪穴住居がみつかった（図31）。炉は存在しないが、住居は円形ないし不整円形で、最大規模の住居は直径約八メートル、最深の竪穴は検出面から床面まで一メートルもある。床面には主柱穴があり、この時期としては床面積、深さともに破格の規模を誇る。広い居住空間の確保と耐久性を備えた上屋構造が想定される点が特徴的で、住空間整備に向けら

図30 ● 粥見井尻遺跡の草創期竪穴住居と土偶
近畿地方ではじめて確認された縄文時代草創期の竪穴住居は、一部が重なり、同じ場所を継続して利用しようとしていたことがわかる（矢印の3カ所）。

れた労働力投下の大きさを評価したい。ここでも隣り合って接するように建てられている住居があり、建て替えや拠点への回帰など継続した居住実態がうかがえる。

土器は少量の爪形文と、厚手無文が多数を占めている。石器は石鏃が主体で矢柄研磨器、磨石、石皿のほか、乳房を大きく表現した日本列島最古期の土偶が出土している。

洞窟調査に向けられたかつての縄文起源研究

一九五〇年代には縄文文化の起源を解明するため、学会あげての研究が進められたことがあった。そこではとりわけ洞窟遺跡が注目された。実際に各地の洞窟遺跡が発掘調査され、当時としてはもっとも古

図31 ● 相谷熊原遺跡の草創期竪穴住居と土偶
直径約8mで床面には主柱穴があることから、住居構築に投下した労働力にみあう長期間の生活を意図していたことがうかがえる。

い土器をともなう文化の存在を確認する成果をあげた。しかし、洞窟という限定した遺跡を研究の対象としたために、旧石器時代の遊動生活からの解放という理解のなかで、洞窟の利用が顕著であったとする、やや偏った評価をされる結果ともなった。

縄文時代草創期に洞窟が利用される機会が多かったことは考えられるが、近年発見される草創期の遺跡の立地をみると、低丘陵や台地上であるとか、河川の低位段丘、海や湖を望む微高地などの場所で圧倒的に増加しており、洞窟や岩陰遺跡にとりわけ偏在することはない。

では、洞窟遺跡はどのように利用されたのだろうか。この時期に生活の場とされた多くの洞窟で有効利用できる広さは、せいぜい五〇平方メートル程度で、縄文時代の一般的な竪穴住居の一基の床面積ないしそれをやや上まわる程度といえる。生活の拠点とした集落とはべつに、遊動生活の名残として獲物の解体場所として、または特別な遠距離交易のための中継拠点として、あるいは季節性がある資源獲得のための一時的な滞留地などとして利用されたと考えることができる。

遺跡分布をどう読むか

本書であつかっている、大和高原地域とその周辺の縄文草創期の遺跡の分布について考えてみよう（図32）。

近畿地方の草創期や早期の遺跡の立地条件については、食糧資源調達に至便な環境を備えた場所に限定されるという見解がある。しかし実際の遺跡立地みると、地域によって偏りはあるものの、標高・地形・水域との関係などの自然環境とはさほど関わりなく、縄文時代の当初からかなり多様な環境に適応している。年間を通じて多種の食糧獲得が可能な場所だけを、必ずしも集落をおく条件としていたとは限らない。

奈良県では、草創期の遺跡が大和高原で多くみつかっている。これに対して奈良盆地では、当時急激に堆積が進行し、地形環境が不安定だったため盆地内での居住適地が縮小し、高原地帯へ居住地の移動を促したとする考えがある。しかし現状の分布を無批判に受け入れると、かつて盆地縁

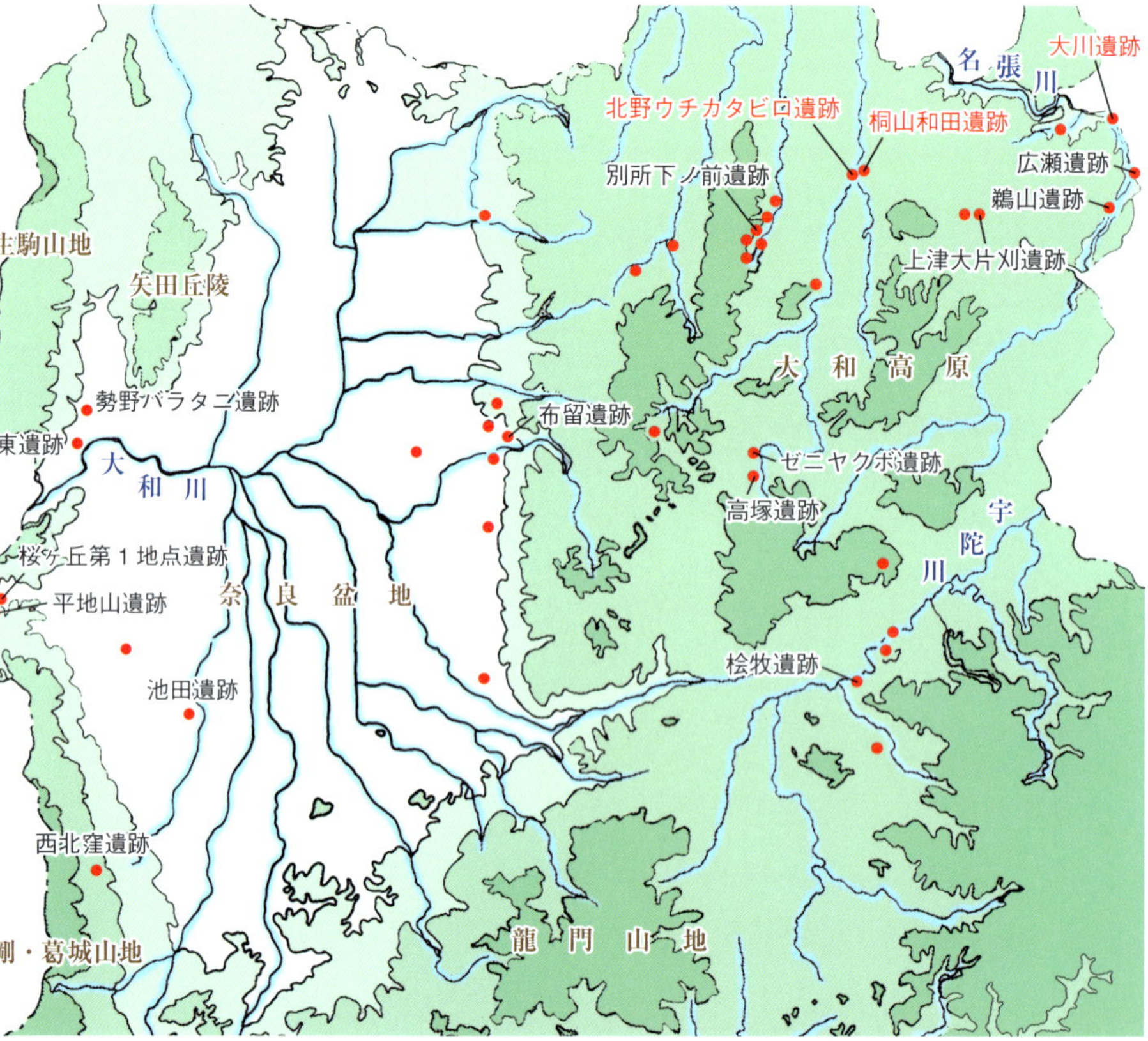

図32●奈良県北部の縄文時代草創期・早期の遺跡分布
現状では大和高原でこの時期の遺跡が多く確認されているが、奈良盆地にも未発見の集落が眠っている可能性は高い。

辺部に集中する縄文遺跡の分布を重視するあまり、盆地内全域が湖沼化していたと判断したのと同じ過ちをくりかえすことになりかねない。

盆地部について、草創期の有茎尖頭器の出土状態から猟場になってはいても、居住していなかったと考えるのはまちがっており、盆地部でも草創期に特有の板状石材を用いた有溝石器や円鑿形《まるのみがた》磨製石斧なども発見されていて、付近で居住ないしは一定期間の滞在があったことを否定できない。加えてその後の浸食や堆積作用によって、盆地部では住居などの生活の痕跡が消失してしまったというケースも念頭におくべきだろう。盆地部の標高最低地で尖頭器の石器製作跡が発見された勢野東《せやひがし》遺跡の存在などを評価しなければならない（図33）。わずかな資料だけにたよって、盆地部全域が居住に適さなかった環境にあったとするのは早計のそしりをまぬがれまい。

また桐山和田遺跡が形成された時期には、住居などの構造物は顕在化しないという解釈があるが、先

図33 ● 勢野東遺跡の石器製作跡
生活の拠点が周辺にあったことが予想できる
石器製作の場と考えられる。

に述べたように、近畿地方でも恒常的な居住を前提とした規模の大きい竪穴住居が確認されている。むしろ大和高原地域では、草創期の明確な住居関連遺構がみつかっていないことを考えると、一方的なこの地域への活動の場や居住地の移動を想定するのは無理があるだろう。

定住社会への胎動

列島各地で草創期の住居の発掘例は確実に増加している。そこには規模、硬化した床面、比較的深い竪穴、主柱と補助部材の存在など、早期以降の住居につながる要素が芽生えているほか、一遺跡から複数の住居がみつかる事例も次第に増えている。

遊動から定住への生活の変化は、縄文時代を規定する大きな画期ではあるが、定住をどう証明するかは難しい問題でもある。動産の量的保有状態、周辺の自然環境への人工的な働きかけ、墓地の形成、定置的な罠による狩猟や漁撈装置、栽培植物の存在など、定住を推しはかる現象はほかにもあろうが、長期間の居住に耐えうる耐久性が見込まれる住居の存在は、定住生活の拠点として機能していたとする確かな材料のひとつとなる（表1）。

縄文時代草創期の住居遺構は、世界の民族例に照らすと、オーストラリアのアボリジニのような移動キャンプ型から、北アメリカ北西海岸インデアンにみるような拠点集落回帰型の生活スタイルへの移行が、まさにこの時期にあったことを示す証拠にもなりうる。定住を基本とした社会は、隣接する他集団との間における生業活動領域の確定が必須であり、やがて自らの集団の結束や紐帯意識が生まれることにつながっていくのである。

遺跡名	都道府県	建物数	構造と形態、炉など施設	伴出した土器
櫛引	青森県	2	竪穴構造 6.0 × 5.5ｍ 不整円形、楕円形 柱穴なし　炉なし	多縄文
滝端	青森県	1	竪穴構造 2.1 × 1.9ｍ 楕円形	爪形文
上台	岩手県	5	竪穴構造 4.1 × 3.3ｍ	無文
日向洞窟西地区	山形県	1	竪穴構造 4.2 × 2.6ｍ 隅丸長方形	隆起線文・爪形文
仙台内前	福島県	1	竪穴構造 4 × 3.2ｍ 不整楕円形 柱穴９　炉なし	爪形文・無文
岩下向Ａ	福島県	1	竪穴構造 4 × 3.3ｍ 台形　柱穴５	無文
野沢	栃木県	3	竪穴構造 3.8ｍ、2.7ｍ 円形・不整円形 柱材（コナラ・クリ）　炉なし	無文
西鹿田中島	群馬県	4	竪穴構造 4.3ｍ 不整円形、4.4ｍ 楕円形 竪穴は重複　炉なし	多縄文
五目牛新田	群馬県	2	竪穴構造 不整楕円形	
宮林	埼玉県	1	竪穴構造 4.5ｍ 不整円形　炉なし	爪形文・押圧縄文・回転縄文
前田耕地	東京都	2	平地構造・竪穴構造 4.2 × 3.1ｍ 不整円形 柱穴なし　炉をもつ	無文
花見山	神奈川県	1	竪穴構造	隆起線文
慶応義塾藤沢キャンパス	神奈川県	1		隆起線文
勝坂	神奈川県	1	平地構造 ７ × ４ｍ 楕円形　柱穴　焼礫の炉跡	無文
南鍛冶山	神奈川県	2	竪穴構造 3.3 × 2.8ｍ 不整楕円形　柱穴 3.4 × 3.2ｍ 楕円形　柱穴	隆起線文
お宮の森裏	長野県	8	竪穴構造 ３～５ｍ 不整円形　壁柱穴 炉なし	表裏縄文
向山	長野県	1	竪穴構造 4.4 × 3.8ｍ	表裏縄文
葛原沢第Ⅳ	静岡県	1	竪穴構造 3.7 × 3.3ｍ 円形　クリ炭化材	隆帯文・押圧縄文
大鹿窪	静岡県	14	竪穴構造 円形・不整円形　壁面と外周に柱穴 竪穴は重複　炉をもつ	押圧縄文・隆起線文
粥見井尻	三重県	4	竪穴構造最大 6.0 × 5.5ｍ、最小 4.1 × 3.8ｍ 不整楕円、円形	隆起線文・爪形文・無文
相谷熊原	滋賀県	5	竪穴構造 ８ × ８ｍ 不整円形	爪形文・無文
大原Ｄ	福岡県	1	竪穴構造	刺突文
柏原Ｅ	福岡県	1	竪穴構造	条痕文・刺突文
柏原Ｆ	福岡県	3	竪穴構造	条痕文・刺突文
建昌城跡	鹿児島県	8	竪穴構造 ３～４ｍ 楕円形・円形　周囲に柱穴 煙道をもつ炉穴	無文
掃除山	鹿児島県	2	竪穴構造 直径 4.6ｍ 楕円形　5.5ｍ 楕円形 煙道をもつ炉穴	隆起線文・隆帯文
鬼ヶ野	鹿児島県	1	竪穴構造	隆帯文
三角山１	鹿児島県	2	竪穴構造 3.3m、2.5m 円形　炉をもつ	隆帯文

表１●列島各地で確認された、おもな縄文時代草創期の住居

2　土器文化の形成

土器出現の契機は煮炊き？

日本列島から出土する最古段階の縄文土器は、おおむね深鉢形である。そして縄文土器の内面には、鹿児島県南さつま市の栫《かこい》ノ原《はら》遺跡出土の隆帯文土器などにみられるように、内容物が焦げついたと思われる有機物質が付着したものがある。そのほか二次的に火をうけて表面が変色したり、煤が付着したものも認められる。これらの事例は、縄文時代の当初から土器はおもに食物の煮炊きに用いられていたことを証明している。不安定と思われる底の形も、煮沸具として熱効率を考慮した結果であるかもしれない。

それでは、日本列島において土器は何をきっかけにして出現したのだろうか。第3章でも紹介した東黒土田遺跡では、列島最古級の貯蔵穴が隆帯文土器をともなって発見されている。この貯蔵穴には堅果（ドングリ）がぎっしり詰まっていた。これを食用にするには、灰汁抜きのために煮沸する工程が欠かせないことから、土器使用の契機を、植物質食糧の食用のための処理に求める考えがある。

同様の草創期にさかのぼる貯蔵穴は、新潟県津南町の卯《う》ノ木南《きみなみ》遺跡でもみつかっており、袋状の形態を呈した土坑が群集して検出され、ドングリ類を食糧として利用することがはじまっていたことがわかる。こうした日本列島の森林から得られる堅果類の食用利用を積極的に評価して、土器の出現を想定するものである。

別の見方もある。旧石器時代末期にアジア東北部から沿海州に分布を広げた細石刃石器群が南方へ拡散する。その後を追うように、特徴的な石槍と石斧を備えた長者久保《ちょうじゃくぼ》・神子柴《みこしば》型石器群も、アムール川流域など東北アジアのほぼ同じ地域に分布し、その一端が日本列島をも包括する。これら細石刃石器群や長者久保・神子柴型石器群のなかで土器が出現しているのである。

このような出現期の土器を共伴する石器群の広がる地域の生業特性をふまえて、サケ・マスの調理・加工が土器の出現契機になったとする主張もあって決着をみない。

いずれにしても、ものを入れるための容器は、縄文時代以前にもさまざまな素材を用いたものが存在しただろうが、火にかけることができる焼き物の容器の出現は、食品を煮炊きする新たな調理法の道を開いた。土器の出現によって、生や火であぶっただけでは口にできなかったものを、食品として利用できるようになったのである。

さらに、煮炊きする調理は栄養摂取の効果を生み、食品保存や衛生面での向上にもつながり、ひいては乳幼児の死亡率の低下や寿命を著しく伸張させることに寄与したはずで、生活の安定に果たした役割はとりわけ大きかったと考えられる。

土器普及の道程

桐山和田遺跡から出土した土器は、日本列島おいて土器の使用がはじまった初期の様相を教えてくれる。ここでは遺跡全域が漏れなく発掘されていて、土器は二型式ないし三型式におよぶが、総数は多く見積もって三〇個体前後にとどまる。さらに無文土器の焼成や胎土のもろさを考慮すると、同時に使用された土器はかなり限定的であったと言える。

隆起線文土器と無文土器には土器の作りのほか、器厚や胎土に明らかなちがいがあるものの、桐山和田遺跡の土器をみると、いまだ土器製作が技術的に完成の域には到達せず、改良の余地を残している段階の産物という感が否めない。絶対量の少なさも加味すると、調理道具として土器が生活のなかに定着する途上の姿といえるだろう。

草創期の土器は後半に至り、新たな器種の出現や量的増加のきざしがうかがえるが、生活用具として普及するのはやはり早期に入ってからだろう。

早期になると、北海道・東北地方を中心として貝殻文土器や絡状体平底《らくじょうたいひらぞこ》土器と沈線文土器が、関東地方で撚糸文土器が、中部から本州西部では押型文土器が、九州では押型文土器や貝殻文土器などが定着する。これらの土器群は、広域に共通する要素はあるが次第に地域色もあらわしはじめる。それぞれの地域で器形の規格化もみられるが、遺跡内における面積あたりの圧倒的な出土量の増加が、本格的に土器が普及したことを何よりも雄弁に語っている。

本州西部では、押型文土器後半期に至り、大川式などのネガティブ楕円文から、山形文や楕円文への文様変化と、屈曲のない器形への移行が進行する。瀬戸内地方では黄島式が、九州地方では早水台式が成立し、押型文土器が強い地域色を生じながらも、西方へ一気に波及する様相がみてとれる（図34）。

広い範囲に波及した押型文土器はつぎの段階になり、ほぼ楕円文という文様一種に収斂することになる。加えて器形や法量のほか製作技術的な面でも新たな発達を促し、基本的に等質な

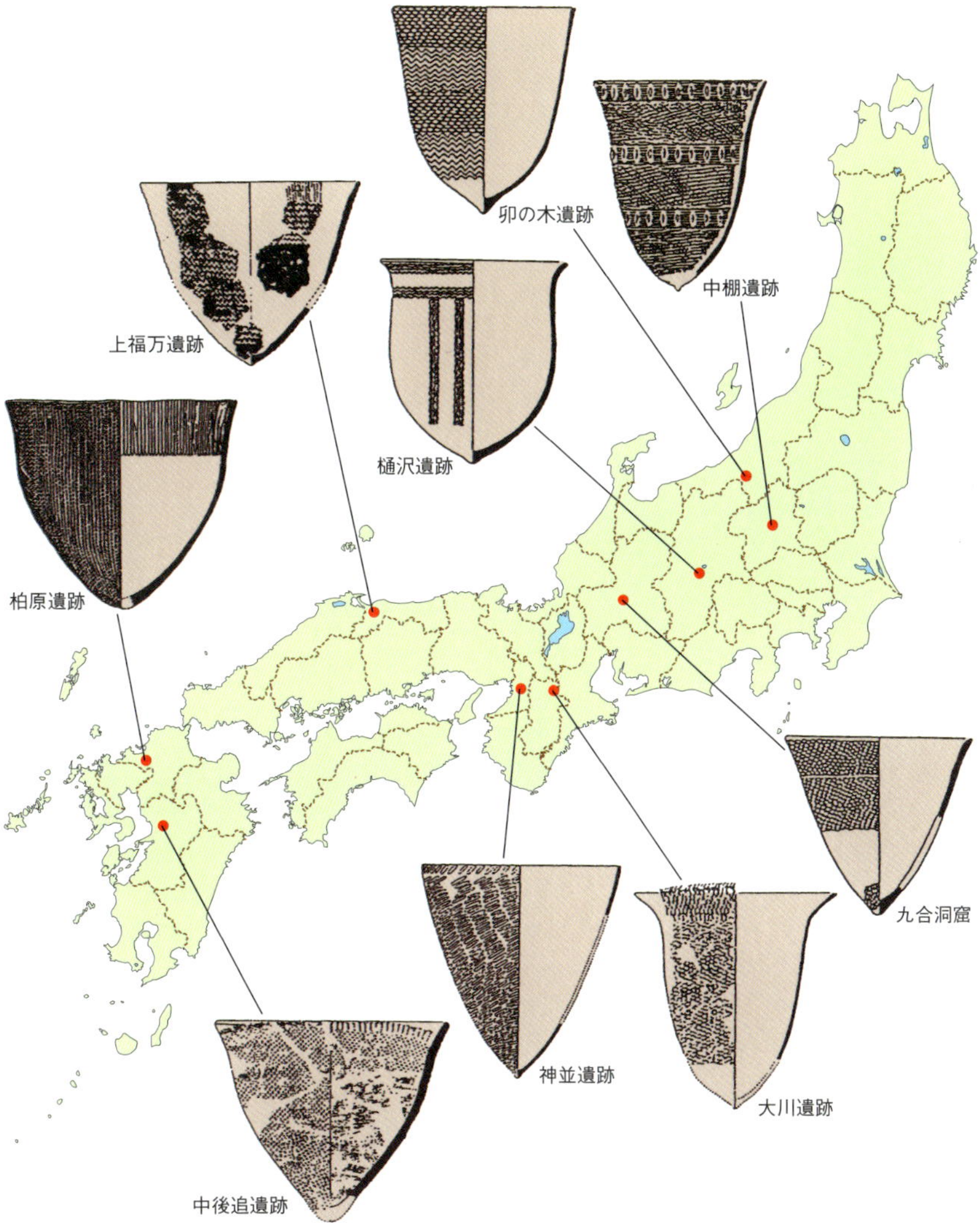

図 34 ● 各地域のおもな押型文土器
縄文時代早期になると、列島中部から西日本にかけて、押型文土器が広がる。土器製作に関わる情報が広域に行きわたり、土器が生活のなかに定着してきことを示している。なお、土器の全体の形態がわかる押型文土器を掲示したため、時期的に前後する土器をあわせて構成してある。

押型文土器によって、西日本のほぼ全域が包括される枠組みが形成されることになる。とくに押型文土器後半期になると、それまでの土器の四倍もの容量があるものが出現し、高度な技術が必要な大型化を可能にしている。大型の土器が求められた背景も気になるところである。

押型文土器の起源

さてここからは、大川式土器をめぐるいくつかの問題について考えてみたい。

文様を刻んだ円棒を土器面に回転させて施文することで共通する押型文土器は、おもに縄文時代早期の前半から中葉にかけて、関東地方を除き、東北から九州地方に至る広い範囲に分布する。北日本では遅く出現し比較的短期間に終焉するが、東海地方以西では器形や文様施文の基本に共通する要素を保ちながらも、各地で特徴ある型式を生みだし、相当長期にわたって変容しながら展開する。

さて、近年の各地おける押型文土器編年研究の進展は、その起源に関わる震源地が東海西部から近畿東部にあることを予想させる。大川式に先行する土器群については、口縁部に縄文を施文する土器を想定して、草創期の表裏縄文土器との連絡に期待をかける考えがあるが、いまだ器形などみるかぎり越えがたい乖離が存在する。

長野県の北信地域では、立野式の範疇で捉えられる格子目文土器がまとまって出土する資料があり、これを草創期の表裏縄文土器に直結させる意見もある。明かりがみえたかに思われる押型文土器初期の編年の枠組みも、今のところ先行する土器群との系統的なつながりは予想以上のなにものでもなく、依然として押型文土器の起源や具体的な先行型式については明らかにしがたい状況である。

型式の逆転と新型式

おもに本書であつかう押型文土器である大川式について、これまでの研究史を下敷きにして、その変遷について検討していこう。

近畿地方の押型文土器を代表する大川式や神宮寺式が設定されて以降、発掘調査の増加と比例するように両型式の土器も充実した資料が蓄積され、型式内容の吟味や編年細分が一段と図られるようになった。

大川式は型式設定以降一貫して神宮寺式に後続する編年的位置が与えられてきた。しかし、ネガティブ楕円文に代表される大川・神宮寺式の主たる押型文様の施文原体が、岡本東三氏によって解き明かされると（図35）、あらためて両者は型式学的に検討されることになった。矢野健一氏は口縁部形態や文様帯構成などの属性分析をもとに、それまでの型式序列を精算し、大川式が神宮寺式に先行するとした新たな編年を示した。

このことは大川遺跡の二次、三次調査の出土土器の分析による、施文原体の長さや一個体に用いられる施文原体の種類数の検討結果とも

図35●各種ネガティブ押型文の拓本（上）と施文原体（下）
岡本東三氏によって、それまで明らかにされていなかった押型文土器の文様施文具が復元された（施文原体は文様を彫刻した細い円棒と考えられる）。

整合する（図36）。その変化は器形の変容にも影響を与えることとなる一貫した手抜き、言い換えれば省力化に向かう型式変遷と捉えることができる。その結果、大川式から神宮寺式へ移行する組列が追認され、大川式土器が近畿地方の押型文土器の最古段階に置かれることが確定した。

一九八五年、新たに三重県亀山市の大鼻遺跡から一風変わった押型文土器がまとまって出土して注目されることになる（図37）。それは大川式に類似するものの、口縁部が短く、かつ強く屈曲して胴部が大きく膨らむ形態で、縄文を多用する特徴を

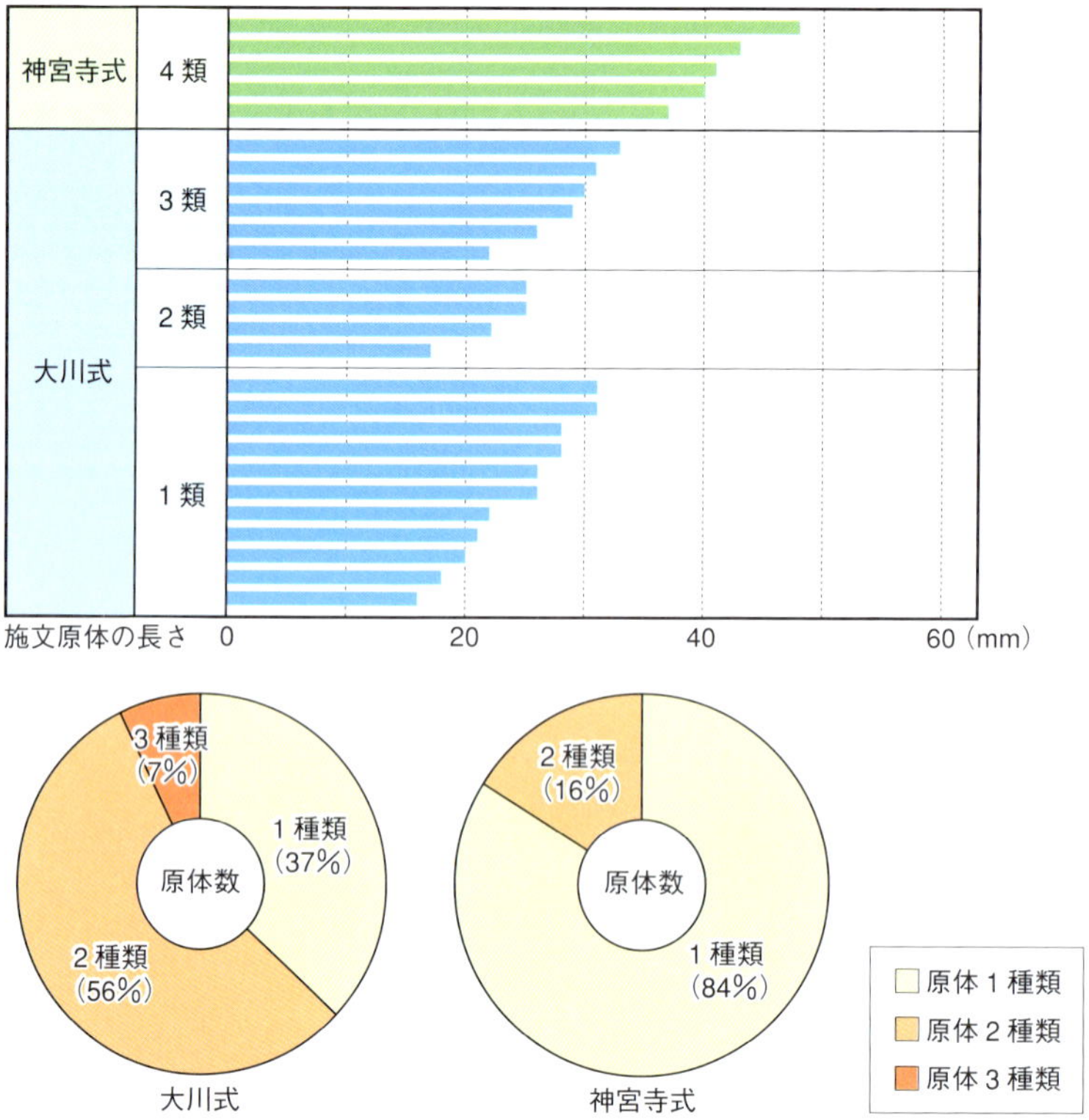

図36● 押型文土器の文様施文原体の長さと原体数の割合
上の表の大川式1～3類は文様構成・文様種類による分類。土器型式の組列を考える際、一個の土器に使用される施文原体の長さのほか、種類や数が鍵となることがわかる。より長く、かつ単一の施文原体を用いることで省力化を進めたといえる。

もっていた。この大鼻式と型式設定された土器は、大川式と神宮寺式の型式組列の間には組み込めないことや、大鼻式特有のD字状文が枝の回転施文と看破されたことなどから、大川式に先行する型式に位置づけられた。

その後一九九〇年には、滋賀県大津市の粟津《あわづ》湖底《こてい》遺跡で大川式の下層から大鼻式が出土し、大川式よりさかのぼる型式という主張を補強するが、奈良県山添村の鵜山遺跡では層位と遺構の検討から

図37 ● 大鼻式土器
大川式に先行するとされる大鼻式は、縄文を多用することや胴部が大きく膨らむ器形が特徴である。

両者の先後関係を追求するものの、混入資料が多すぎ層位的に保証できる内容とはいえない。今後もそれぞれの型式内容の吟味と、出土分布域の比較などについての追跡も必要だろう。

押型文土器の広域編年

一方、大川式土器と他地域との編年対比については、おもにこれまで中部地方の押型文土器との関係が問われてきた。そこでは土器の文様や器形の比較のほか、土器型式の併行関係を直接示す資料の抽出にも目が向けられた。

大川遺跡からは、文様の借用ないし搬入されたとみなす横位帯状施文の山形文土器が出土していて、最古段階にさかのぼらせる意見があるが、当地の押型文土器の組列に照らしてみた場合、納得のいく説明は難しい。ほかに大川式の器形と文様を有し、帯状直交施文の山形文を付加した折衷的な土器があり、中部地方の樋沢《ひさわ》式や沢《さわ》式との関係がうかがわれる。

中部地方の押型文土器との併行関係が混迷していたのは、彼の地の諸型式の序列が定まらないことにも一因があった。中部地方で異質な存在とされてきた立野式については、近年、静岡県富士宮市の若宮《わかみや》遺跡の資料などの分析を経て、樋沢式や沢式に先行する位置づけが定着しつつあるが、一方で立野式から細久保《ほそくぼ》式への連続を主軸とした編年を重視し、異質な型式として樋沢式と沢式を捉える見方も提示され、依然として混沌とした状態が続く。

撚糸文土器の編年が整えられている関東地方の土器諸型式との比較も重要であるが、押型文土器と撚糸文土器との併行関係を知ることのできる良好な資料にはあまり恵まれない。それでも、限定された材料からみるかぎり、大川式ないし大鼻式は、関東地方のもっとも古い撚糸文土器である井草《いぐさ》Ⅰ式期まではさかのぼらないと考えられる。

以上のように、大川式土器の編年については、近畿における地域内組列の位置づけは固まりつつあるが、他地域との併行関係がいまだ不安定であり、新たな土器分析操作や地域交差資料の探索などが求められている。

3　弓矢の威力と森の狩人

土器が出現したころの環境は

桐山和田遺跡からは、近畿地方ではじめて草創期の土器の様相が把握できるといってもよい内容の資料が得られた。そこで日本列島で土器が出現する時期の環境についてふれてみたい。

一般的には東アジアにおける土器の出現は、後氷期の気候温暖化の過程で生じた文化的現象と捉えられてきた。しかし、近年わが国の炭素14データが示すように、出現期の土器の年代が仮に今から一万六〇〇〇年前後にさかのぼるとすると、洪積世末期がその舞台となり、土器の出現が温暖化の局面での出来事とはならないことになる。

はたして桐山和田遺跡でも出土した隆起線文土器が、汎日本列島規模で普及する時期も、氷河期の名残でもある針葉樹林におおわれた植生環境にあったのだろうか。地域を越えて土器に共通する属性が存在するような段階が、本州島ではいまだ寒冷な時期だとする理学的な年代測定結果の提示だけでは、説得性ある歴史的解釈にはつながらないだろう。

では、一万六〇〇〇年前、近畿地方の中部はどのような環境だったのだろうか。この時期の環境については、大和高原の西に位置する奈良盆地でのいくつかの調査結果の報告があり参考となる。たとえば、田原本町の阪手《さかて》遺跡では、炭素14年代測定で約一万六〇〇〇年前の三瓶浮《さんべうき》布《ぬの》火山灰が検出されている。この時期にはコナラ亜属を主体とし、スギ属などが加わった植生環境が復元できるという。また約一万年前とされる阪手遺跡上層では、よりコナラ亜属の優勢が顕著になることが報告されている。

ところが、層位的にその中間に相当する阪手層や同町の菅田《すがた》遺跡では、マツ科針葉樹が優先する花粉組成が確認されている。現代へ向かう気象環境変化は一進一退をくりかえしながら進行し、かつ局地的な環境のちがいも少なくないのだろう。

縄文の森林相を復元する

現在、大和高原地域の森林は暖地性植物と寒地性植物が混在している。現生の植生はスギとヒノキの植栽林が大部分の地域を占めるが、アカマツ・クヌギ・コナラなどの二次林も多く分布する。そのなかにあってツクバネガシ・シラカシ・クロガネモチなどを優占種とする自然林に近い森林相も点在して残存している。

縄文時代の環境はどうだったのだろうか。大川遺跡では早期の竪穴住居跡や焼かれた礫が詰まった礫群などの遺構で出土した炭化木を、島倉巳三郎氏が同定した結果、すべてが広葉樹であった。竪穴住居跡からはコナラが、集石遺構からはコナラ、ケヤキ、クリの可能性が高い個体が検出されている。用途にかなう樹種を選択した結果という可能性もあるが、この地域の早期の植生環境を考えるうえで参考にできる資料だろう。

加えて大和高原地域の一部に現在も残されている、カシを主体とした照葉樹の存在も忘れてはならない。近隣の遺跡で得られている植生資料も合わせ考えると、落葉広葉樹を主体としたなかに、照葉樹が少なからず分布する縄文の森のありようがみえてくる。

局地的な環境にはちがいがあるが、当時の広域な環境を考える際には、福井県三方湾に近い鳥浜貝塚の植生資料も有効だろう。そこでは縄文時代草創期段階の森林相として、ブナ属をはじめコナラ亜属、クルミ属、トチノキ属など落葉広葉樹優勢の環境が復原されている。アカガシ亜属やシイノキ属など照葉樹のほか、スギ属やエノキ属などが主体の森林環境へ移行するのは、おおむね前期初頭以降と推定される。

この傾向は、大局的には大川遺跡の早期遺構内から出土した炭化物の樹種同定の結果と整合し、大川遺跡に集落が営まれた時期は、西日本が照葉樹林におおわれる以前と考えることができる。

大型動物の絶滅

現在、日本列島の野山に棲息している陸獣で主たる狩猟対象となっているのは、イノシシとシカである。各地の縄文貝塚出土の動物遺存体にはノウサギ、タヌキ、ニホンザル、オオヤマネコなど小動物も含まれるが、当時の人びとが獲物としておもに狙っていた動物は、今日と同様イノシシとシカであって、基本的に変わらない。

しかし、縄文時代以前の日本列島には、大陸から陸橋を渡ってきた大型動物を特徴とした二大動物群が棲息していた。一つは樺太や北海道を経由して列島北部に渡ってきたマンモスゾウ、ヘラジカ、毛サイなどシベリア・極東の北方動物群で、いま一つは朝鮮半島から対馬の陸橋を経由してきたと想定される、中国華北地域のオオツノジカ、ニホンムカシジカ、ナウマンゾウ、野牛、オオカミなどの動物群である。

これらかつて列島に棲息した大型動物の遺存体の発見事例は少なくなく、岩手県一関市の花《はな》泉《いずみ》では、泥炭質層からハナイズミモリウシ、オーロックス、ナウマンゾウ、オオツノジカ、ヘラジカなどの遺存体がまとまって発見されている。長野県信濃町の野尻湖立《たつ》ヶ《が》鼻《はな》遺跡で発掘された動物遺存体はナウマンゾウが九割におよび、オオツノジカが残りの一割を占めるという。

ここ近畿地方でも、大阪湾や瀬戸内東部の海底から、しばしばオオツノジカやナウマンゾウなどの遺存体が漁網にかかって引き上げられている。また大阪市の長原《ながはら》遺跡や山之内《やまのうち》遺跡ではナウマンゾウをはじめ、ニホンムカシジカやオオツノジカなどが、大阪平野を闊歩していたことを示す足跡を検出している（図38）。

完新世の到来を待たずに日本列島では大型動物群が絶滅し、中小型動物群にとってかわられるが、その理由についてはヒトが関わった過剰狩猟によるとする見解と、後氷期の温暖化が急速に進んだ環境変化に原因があったとする見方とがある。

いずれにしても旧石器時代から縄文時代にかけての石器相にみられる、めまぐるしい狩猟具の移り変わりや、陥し穴をはじめとした陥穽猟の普及といった狩猟法の大きな改革は、こういった列島に棲息した動物群の変化に関係した可能性が高いといえよう。

では、桐山和田遺跡・大川遺跡から出土した狩猟具＝石器から、どのような狩猟のようすがみえてくるだろうか。

成熟する狩猟活動

桐山和田遺跡の草創期の狩猟具は、石鏃と尖頭器で構成される。石鏃は弓矢の矢尻として使われ、尖頭器は槍の穂先部分である。

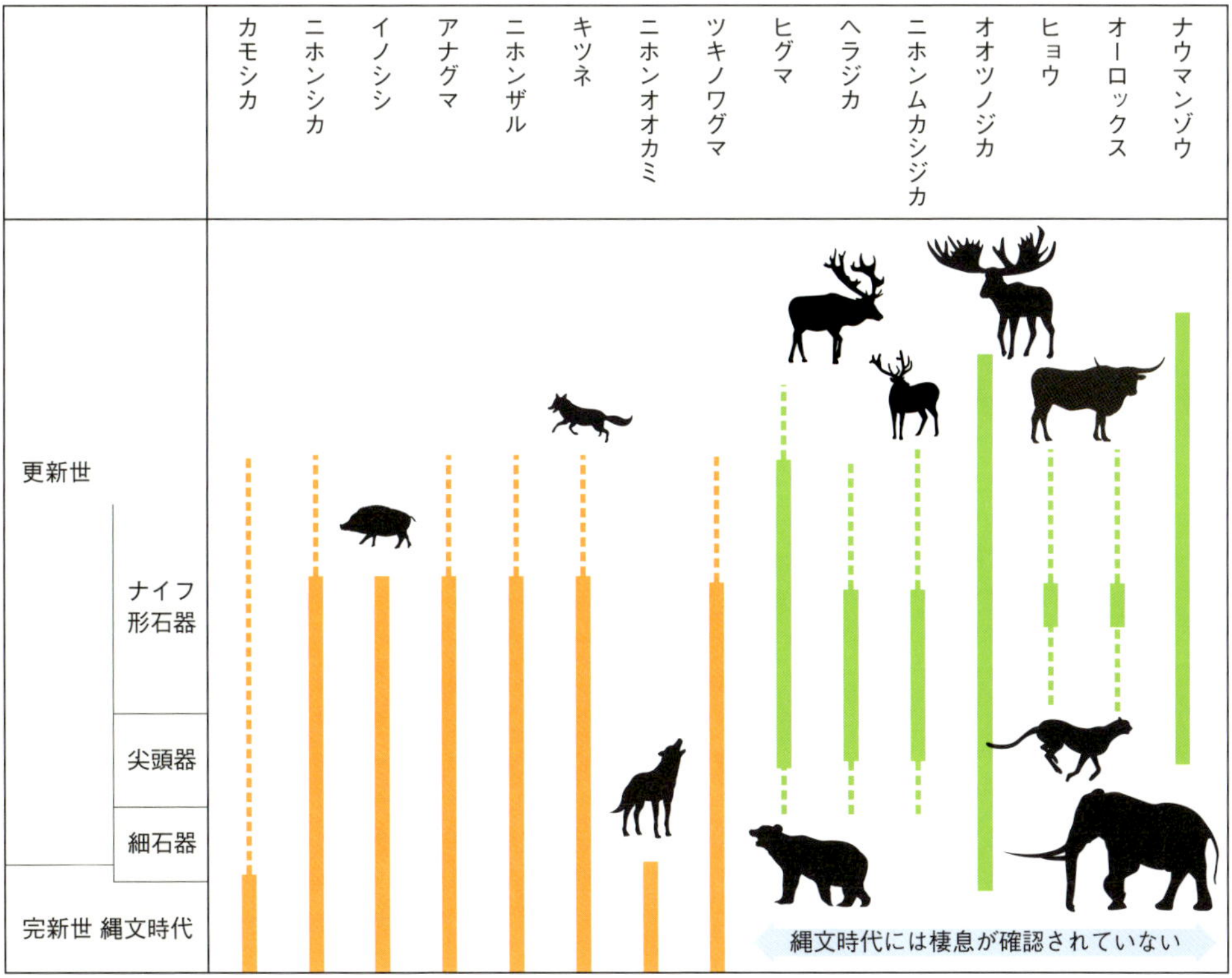

図38 ● 本州島における哺乳動物の棲息の移り変わり
氷河期に形成された陸橋から本州島へ渡ってきた大型動物は、更新世の末期までに姿を消した。

尖頭器には基部に茎部を作りだした有茎尖頭器とよばれるA類と、木葉形尖頭器や柳葉状尖頭器と命名されている身部と茎部に明瞭な境目がない形態のB類とがある（図18参照）。

さらにA類の有茎尖頭器には、小さくわずかに突出した茎部をもつA1類、短い逆三角形の茎部をもつA2類、水平な基部に突出する茎部を作りだしたA3類がある。近畿地方出土の有茎尖頭器は多くがA2類の形態で占められ、桐山和田遺跡のものも同様の傾向を示している。

A1類は大きさからすると石鏃との区別が困難だが、形態からみると明らかに槍先として製作されている。石器の幅からみて、より細い精巧な柄が装着されたと考えられる。

B類には、全長が短く基部が水平をなすB1類、基部が丸みをもった木葉形のB2類、全長が長く幅の狭い柳葉形を呈したB3類、さらに幅が狭い形態のB4類、幅広のいわゆる木葉形尖頭器のB5類など形態は多様で、かつ中間的な形態も少なくない。

A類は基部と茎部の境がカエシの役割を果たし、対象物に刺さって抜けない形態であることから、反復刺突には向かない。B類と基本的に使用方法がちがったのだろう。おそらくA類は投槍として、B類は突槍として用いられたことが多かったと考えられる。またA類は投槍具などを用いた可能性も指摘されるが、使用方法が十分に明らかにされているわけではない。

ここで問題としたいのは、桐山和田遺跡からは槍先が総数で二四点しか出土していないことである。石鏃と出土数を比較すると、尖頭器一に対して石鏃一二の比率となり、その数量の差は歴然としている。

加えて本遺跡の尖頭器は総数が少ないにもかかわらず、A・B類を通してきわめて個体差が大きい。このことは尖頭器の製作規律のタガがゆるみ、尖頭器が狩猟の首座から離れ、槍による狩猟が弓矢にとってかわられる段階の到来を如実に示しているといえる。

先にふれたように、かつて列島に生息した大型動物群が絶滅し、新たな狩猟対象動物に適応すべく導入された弓矢主体の狩猟活動は、やがて大川遺跡の道具ぞろえにみられるように、整備された装備の完成へと向かう。

各地で出土する石鏃には地域色が存在するのも事実だが、法量や基本形態などは製作技術や狩猟効果が関係しているとみえて、一定の枠組みのなかに収まっており、長期に安定した弓矢による狩猟方法が確立したことを示している。縄文時代の生業活動は、堅果類の採集など狩猟以外の労働にも支えられていたが、桐山和田遺跡と大川遺跡の狩猟具のあり方は、まさに縄文文化が豊かな森に育まれた環境のなかで狩猟活動が定着していく道程を、象徴的にみせてくれている。

4　定住狩猟民文化の確立へ

環境に適応できる技術開発と生業戦略

縄文時代早期の近畿地方の生業活動に関しては、片岡肇氏が遺跡の分布や遺構の把握に加えて、石器と動植物の遺存体を材料として言及している。それによれば当該時期は縄文時代草創期以来の生産活動を継承した狩猟による動物質食糧と、植物質食糧の獲得がその活動のベースとなっていた。淡水産貝類の捕採はおこなっていたが、外海・内水域を問わず、水産資源へは積極的に目を向けてはいなかった。海産の魚貝類の捕獲活動を展開した関東地方の撚糸文土器文化とのちがいが指摘されている。

大川遺跡でも、陸獣捕獲を目的とした卓越した数量の石鏃や、堅果類の打割・粉砕のための磨石と石皿などの存在から、安定した食糧資源の確保のための道具立てが整えられていた。しかし、漁撈用の錘とみられる切目石錘は、いずれも中期終末以降に利用されたもので、早期には積極的な内水面の資源獲得には向かったようすがない。

東日本では東京都あきる野市の前田耕地《まえだこうち》遺跡に代表されるように、草創期の段階ですでに遡上するサケを捕獲した証拠がみいだされている。大川遺跡の眼前を流れる名張川には、現在カワムツ、オイカワ、アブラハヤ、シマドジョウなど比較的多くの魚類が棲息しており、当時もこれらの魚類の捕獲にまったく無関心であったとは考えにくく、網漁以外の捕獲方法の存在も考慮する必要があるかもしれない。

先にみてきた早期の遺跡の立地をみると、山間部の高原性地形、同じく山間部を流れる河川が形成した段丘上、山麓の扇状地、湖に臨む湖畔、沖積地帯の微高地など、かなり多様な環境のなかにあることがわかる。この時期の生産道具である石器類の各遺跡の構成は、地域や遺跡によるちがいは少なくないばかりか、むしろそれぞれの地域における特徴ある活動内容をみせてくれている。多様な資源獲得を物語る石器組成をもつ遺跡もある一方で、特定の生業活動を集中しておこなった遺跡も存在するのが実態である（図39）。地域への定着が促進された背景には、環境に適応できる技術開発と、それにもとづいた柔軟な生業戦略が確立されつつある段階に達していたことを教えてくれる。

小規模集団の生活スタイル

大川遺跡から出土する早期の土器の主体は、大川式土器をはじめとする押型文土器前半期であるが、この時期の土器を出土する遺跡は二〇一一年現在、奈良県ではすでに約五〇遺跡、近畿地方全体では少なくとも三〇〇遺跡近くにのぼるとみられる。中国山地東部の山間地域、六甲山系の南麓地域、琵琶湖南東岸一帯、河内平野東縁地域、伊勢湾西岸の櫛田川や雲出川中流域などに押型文土器を出土する遺跡が比較的集中して存在する。

しかし、これが真の遺跡分布を反映した

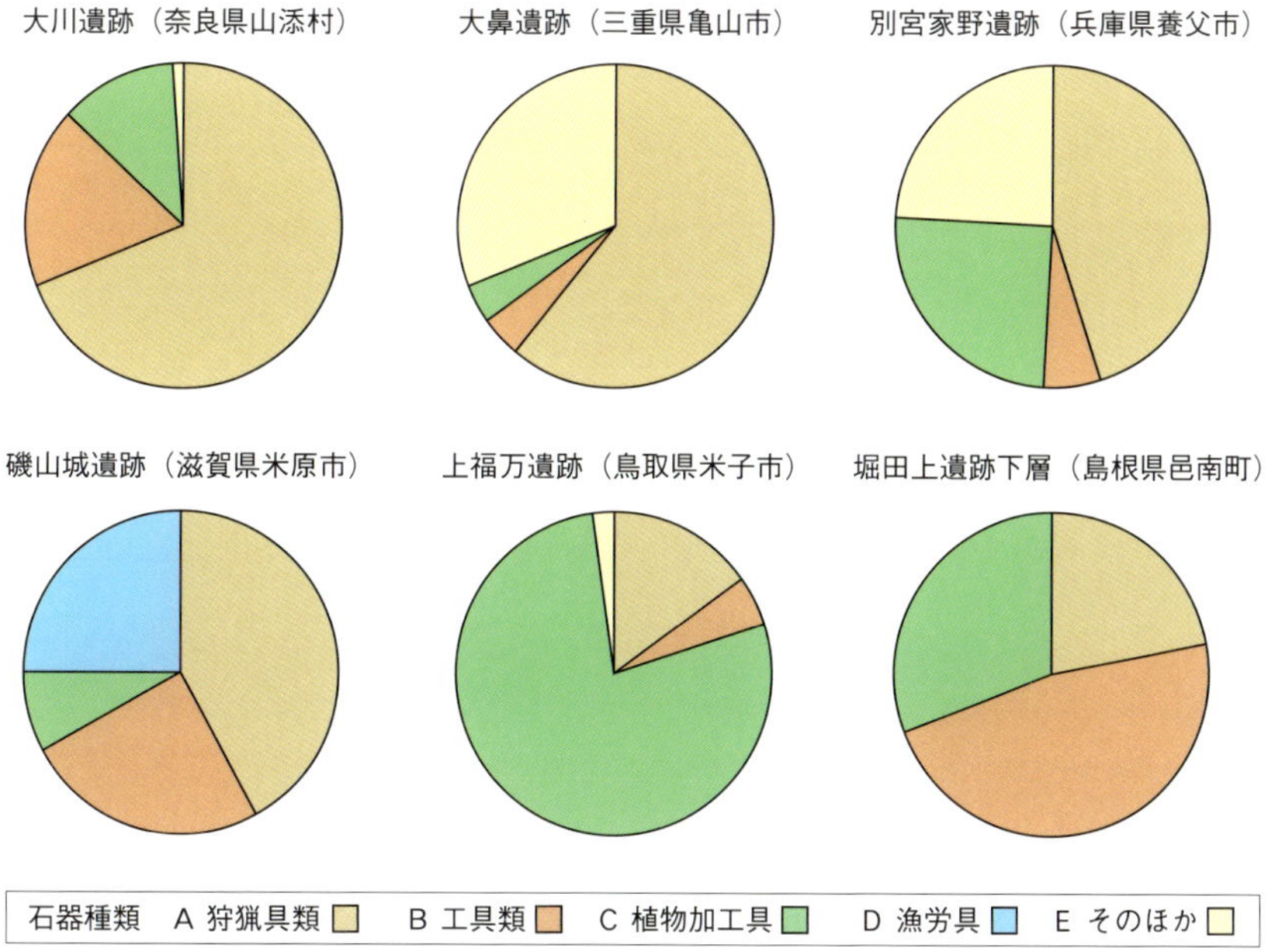

図39 ● 縄文時代早期（押型文期）の各遺跡の石器組成
石器組成をみることで、生業活動の実態をある程度明らかにできる。用途を確定しがたい石器も少なくないほか、器種の認定についても見方のちがいもあって厳密な比較は難しいが、それぞれの地域の環境に適応した活動の実態がうかがえる。

姿とみることには多少疑問がある。なぜなら、近年、早期の遺物が発見される遺跡をみると、これまで空白部であった地域にも広がる傾向がうかがえるからである。たとえば、奈良市の打《うち》滝川《たきがわ》流域はこれまでこの時期の遺跡はまったく未発見の地域であったが、圃場整備にともなう試掘調査などで新たな遺跡の発見が相次いだ（図40）。わずかな押型文土器片が出土している遺跡をも拾いあげると、近畿地方では各所に遺跡分布が広がりをみせるようになり、それまでの時代にはみられなかった新たな遺跡の動向をみてとることができる。

　この時期の一定地域内における遺跡の分布をみると、しばしば近接して、出土量は多くはないものの同型式の土器が出土している遺跡が存在する。これらの遺跡はそれぞれ小規模で、推定される集落も多数の構成員からなる集団が営んだとは到底考えられない。縄文的定住社会が確立する過渡期の一面をあらわしているだろう。

　このようないわば小規模集団が基本となって、狭い範囲を生活領域とするスタイルが成立する背景には、調理具としての煮炊用土器の普及が関わっていた。地域内資源の有効利用がいっそう促進されたとみるべきで、この時期の土器発達の本質はここにあるといえる。

　そして土器の需要の絶対的増加は、土器製作に関わる決まり事や、製作モデルの規格化をいっそう進めることになったと考えられる。大川式土器の文様施文にみられる厳格ともいえる文様帯の遵守や、施文原体使用の決まりなどは、この時期の土器の普及と関係があるのだろう。

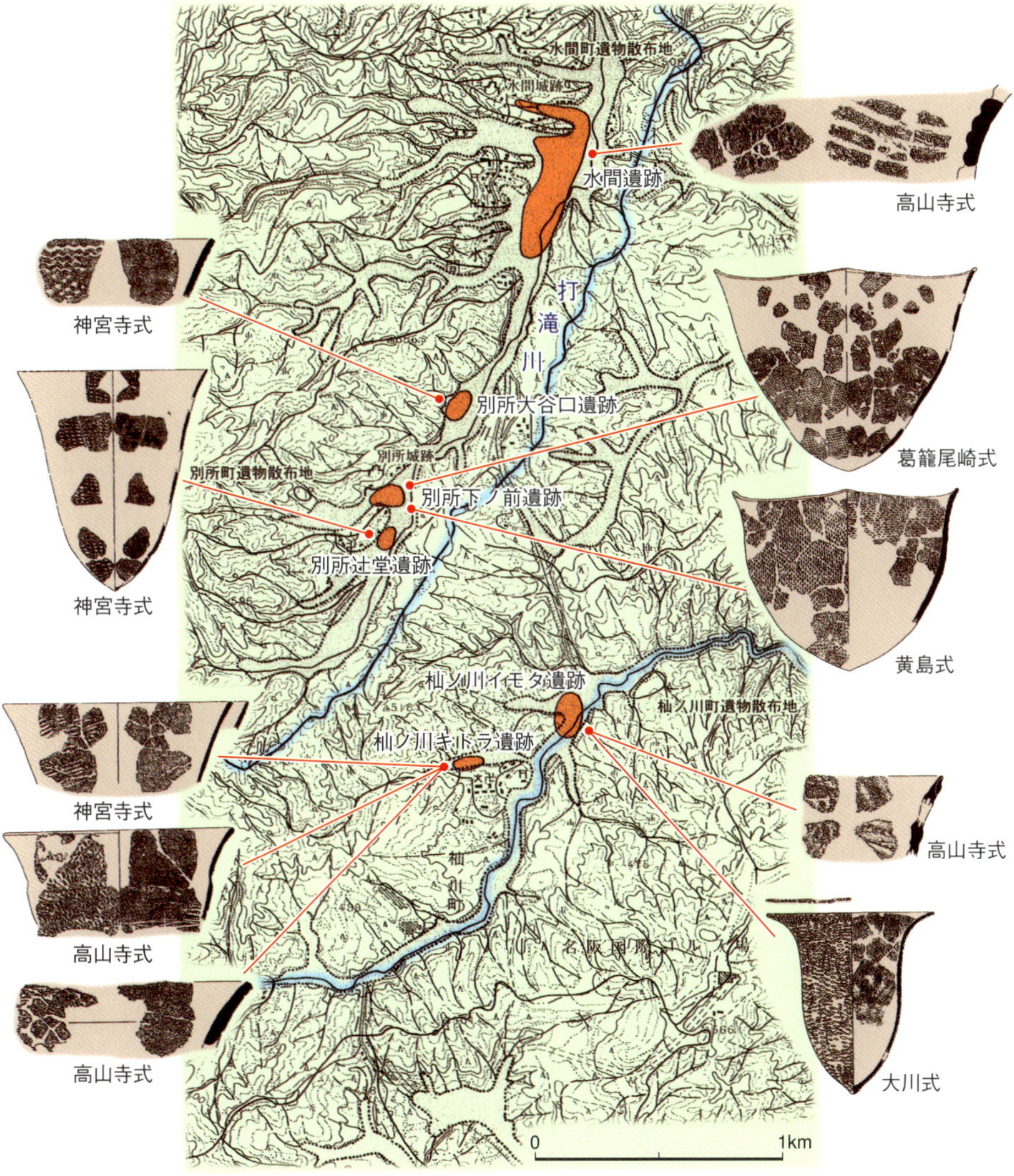

図40 ● 奈良市打滝川・布目川支流域の押型文期の遺跡
大川式の時期にこの流域における活動がはじまると、押型文期を通じて、
小規模な生活拠点を維持しつづける。

少人数による資源獲得戦略

大川遺跡では、主要遺構の分布や住居内出土土器からみて、同時に三基を超える住居があった可能性は低い。上流にある鵜山遺跡では竪穴住居の可能性があるとされた遺構が計八基みつかっているが、それらは互いに重なりあって検出され、同じ場所での建て替え、ないし同一場所へ回帰した結果だろう。三重県側の大鼻遺跡や西出遺跡など早期の住居が多数確認されている遺跡でも、同時に存在した住居は単独もしくは二基程度であった。

このような早期前半の集落のあり方をふまえると、縄文時代早期の縄文人は、規模の大きな集団を形成して、広い範囲の資源を収奪するような生業活動をおこなっていたとは考えがたい。むしろ家族を中心とした小規模集団が分散居住する

図41 ● 押型文期の集落の生活想像図
この時期の集落を構成する住居は1〜3基程度であったと考えられる。
大川遺跡の資料などをもとに作成（イラスト：佐々木玉季）。

形態を維持し、狭い範囲を生業活動の領域と考え、近接する集団と互いに資源獲得の不可侵を堅持していたのではないだろうか（図41）。そこにはおそらく土器の使用や弓矢の普及によって一定の場所に定住し、日常的な食生活に関わる身近な資源の有効的活用が図られ、広い領域を必要としない生業戦略を基本としていたことが原因だったのだろう。

押型文文化の精神世界

そして、定住する生活様式が普遍化した押型文期の遺跡からは、文化を担った人びとの精神世界をうかがうことのできる遺物がしばしば出土する。

大鼻遺跡や大阪府東大阪市の神並《こうなみ》遺跡では、ヒトをかたどった土偶が発見されている。近畿では草創期にさかのぼる粥見井尻遺跡や相谷熊原遺跡出土の土偶から系譜がたどれる可能性がある。南九州では手向山《たむけやま》式押型文土器の段階に、早くも貯蔵に適した形態をもつ壺形土器が存在するほか、平栫《ひらがこい》式土器の段階には呪術的用途

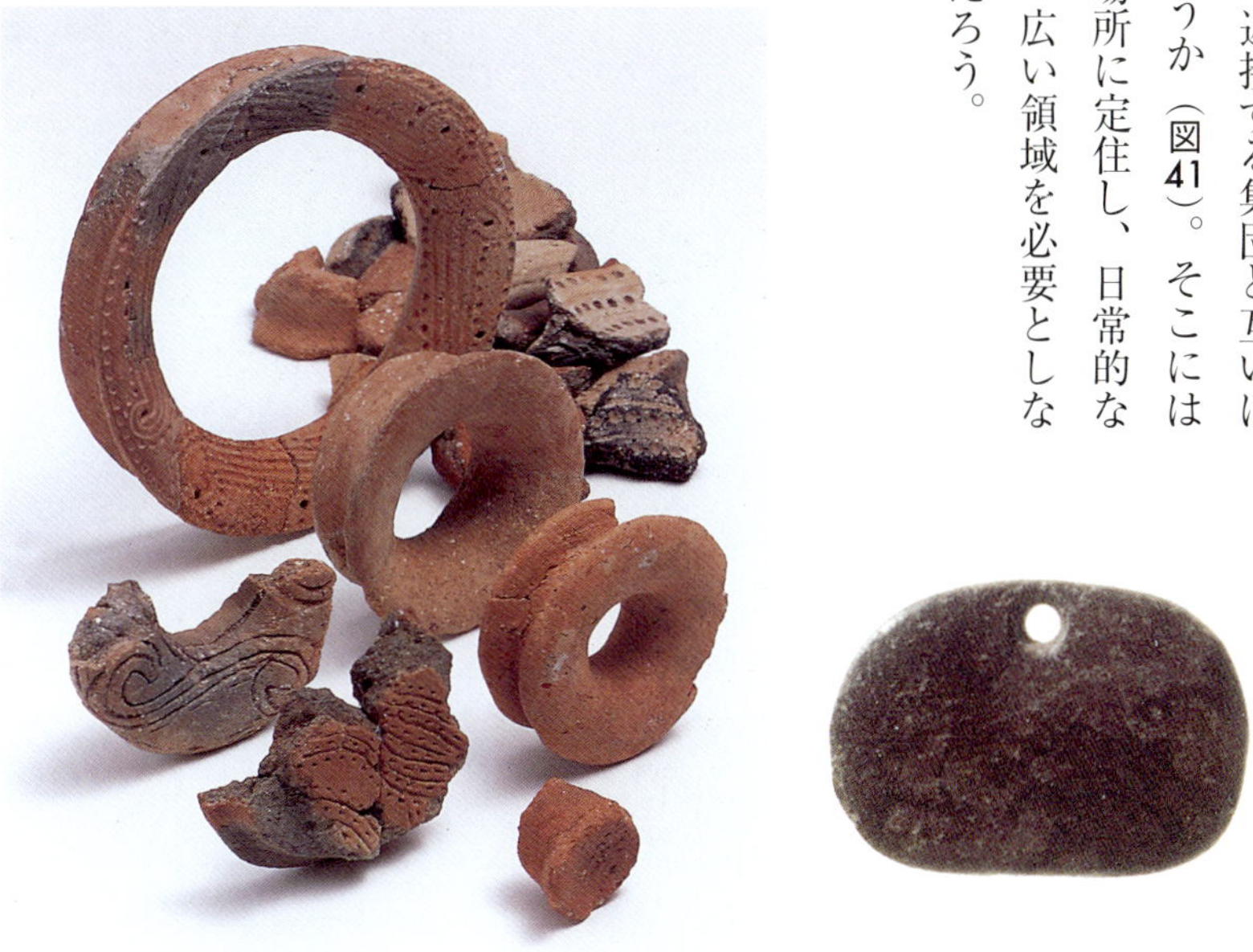

図42 ● 上野原遺跡出土の土製耳飾り（左）と桐山和田遺跡出土の有孔石製品（右）
優れた意匠文様をもつ耳飾りやていねいに磨かれた有孔石製品は、精神的にも成熟した文化を象徴している（左：最大のもの直径12cm、右：左右3.2cm）。

を想像させる装飾性の高い土製耳飾りが出現していて、列島内では、どれもほかの土器文化に先んじて出現した特筆される事例である（図42左）。

また押型文土器後半には、鳥取県米子市の上福万《かみふくまん》遺跡で軟玉《なんぎょく》製の多孔装飾品が出土しているほか、中部地方西部には大型で独特の石鏃状形態を備えた異形局部磨製石器が分布する。これらをみると、日常の生産道具の製作を超えた、より念の入ったていねいな作りに驚きを覚えるほどであり、この文化の担い手の成熟した精神性の一面を象徴しているように見える。

桐山和田遺跡の早期押型文土器層からも入念な作りの有孔石製品が出土している（図42右）。これなどはたんなる装身具とみるより、信仰の場や特別の役割を受け持った人物などが、超自然的な加護を願うために用いたのではないかと想像をめぐらせたくなる。技術革新や生活をともにする集団内の協業などでは果たしえない事象に対して、畏敬の念を抱いていた彼らの心情を垣間見る気がする。

以上、本書で紹介した桐山和田遺跡と大川遺跡の発掘調査で明らかになった、遺構のあり方や遺物、その出土状態は、東アジアの東端に位置する日本列島の先史社会が、森とそれに育まれた動物が棲息する豊かな環境のなかで、定住狩猟民としての歩を確実に進めていった過程を雄弁に語っているのである。

第５章　遺跡の顕彰と保存整備

遺跡の顕彰と県史跡指定

大川遺跡における二次以降の発掘調査の実現には、地元の方々の遺跡の解明と保存に対する熱意が後押しとなった。一次調査の成果を受けて当時の波多野村では、村内ではじめて確認された先史時代の遺跡であり、かつ県下最古の縄文時代遺跡として話題となったことで、地域の有識者を中心に本遺跡を顕彰しようとする熱心な動きがあった。なかでも遺跡の実態解明のために、本格的な発掘調査の実施を村当局に働きかけた地元中峰山在住の田畑充稔氏や、地域に所在する文化財の顕彰に力を注がれた岩屋在住の浜田潤一郎氏らの努力は、発掘調査の実現とその後の遺跡の保存と整備につながる弾みにもなった。

一九八九年には二～五次の発掘調査の成果が報告書としてまとめられ、遺構の存在や遺物の分布状況をもとにした遺跡の範囲がおおむね把握された。これにもとづいて一九九〇年三月、遺跡の主体部を占めていた当時の水資源開発公社の所有地は奈良県史跡として指定された。

保存整備のための発掘調査と公開に向けた史跡整備事業

山添村当局はかねてより名張川の周辺整備の一環として、大川遺跡が所在する段丘面一帯の遺跡公園整備を計画していた。一九九四年に設置された大川遺跡整備検討委員会で整備方針が検討され、具体的整備計画の策定のため二〇〇〇年から六次・七次の発掘調査を実施した。

その結果、遺跡の東端に近い場所から、竪穴住居の可能性が高いとされた一基の大型土坑と、規模の小さい四基の土坑がみつかっている。この調査では立野式土器との関連を示す初出の文様構成をもった土器を含む大川式土器が比較的まとまって出土したほか、段丘南端に近い場所までも、日常の活動エリアとして利用していたことを明らかにしている。

山添村はこの調査の結果をふまえて県史跡の整備計画を立案するが、それは自然環境の保全と史跡の保存を前提とし、加えて学習の場としての活用やキャンプ場など来訪者の利用も可能な施設を設ける内容となった。二〇〇四年に開園した公園の史跡主要部は、簡易な園路が設けられている以外は、特別には何ら手をつけないままの草原で、自由なキャンプ場として利用できる場所となっている。遺跡の南寄りには推定復原された竪穴住居一軒が建てられ、遺跡の解説板が設置されている。管理棟には発掘調査の成果を解説した写真と説明パネルがあるほか、近隣の小学生が土器の野焼き体験をする実習の場としても活用されている。

なお、大川遺跡の出土品は、一部が山添小学校敷地内にある、県指定有形文化財（建造物）の旧春日小学校講堂を利用した山添村歴史民俗資料館で常設展示されているほか、橿原市にある奈良県立橿原考古学研究所附属博物館でも展示・保管され、一般の見学に供されている。

参考文献

松島　透　一九五七「長野県立野遺跡の捺型文土器」『石器時代』第四号
片山長三　一九五七「神宮寺遺跡の発掘について」『石鏃』一一
酒詰仲男・岡田茂弘　一九五八「大川遺跡」『奈良県文化財調査報告（埋蔵文化財編）』二　奈良県教育委員会
中村孝三郎　一九六〇「小瀬ケ沢洞窟」『長岡市立科学博物館研究調査報告』三
日本考古学協会洞穴調査委員会　一九六七『日本の洞穴遺跡』平凡社
山内清男　一九六八「矢柄研磨器について」『日本民族と南方文化』平凡社
山内清男　一九六九「縄紋草創期の諸問題」『ミュージアム』二二四
藤森栄一　一九六八「諏訪湖底曽根遺跡」『信濃考古』二四
片岡　肇　一九七〇「押型文文化の生産活動について」『古代文化』二二―一一
原　寛・紅村　弘　一九七五『椛ノ湖遺跡』坂下町教育委員会
岡本東三　一九七九「神子柴・長者久保文化について」『奈良国立文化財研究所研究論集』Ⅴ
岡本東三　一九八〇「神宮寺・大川式押型紋土器について」『藤井祐介君追悼記念考古学論叢』
白石浩之　一九八〇「第一文化層」『寺尾遺跡』神奈川県教育委員会
白石浩之　一九八二「縄文時代草創期の石鏃について」『考古学研究』二八―四
大塚達朗　一九八二「隆起線文土器瞥見」『東京大学文学部考古学研究室研究紀要』一
麻生　優　一九八四「泉福寺洞穴の発掘調査」築地書館
加藤晋平　一九八五『シベリアの先史文化と日本』六興出版
永友良典　一九八五「堂地西遺跡の調査」『宮崎学園都市遺跡発掘調査報告書』第二集　宮崎県教育委員会
漆畑　稔・渋谷昌彦　一九八六「仲道A遺跡」『大仁町埋蔵文化財調査報告』第九集
稲田孝司　一九八六「縄文文化の形成」『日本考古学』六　岩波書店
若狭歴史民俗資料館　一九八七『鳥浜貝塚　一九八〇～一九八五年度調査のまとめ』
下村晴文・菅原章太　一九八七『神並遺跡Ⅱ』東大阪市教育委員会
広吉壽彦ほか　一九八八『布目ダム水没地関係地文化財調査報告書』山添村教育委員会
栗島義明　一九八八「隆起線文土器以前　神子柴文化と隆起線文土器文化の間」『考古学研究』三五―三

大塚達朗　一九八九「豆粒文土器研究序説」『東京大学考古学研究室研究紀要』七
松田真一ほか　一九八九『大川遺跡―縄文時代早期遺跡の発掘調査報告書―』山添村教育委員会
戸田哲也・中山　豊　一九九一「柄沢遺跡第一地点E地区の調査概要」『湘南考古学同好会会報』
宮崎朝雄・金子直行　一九九一「撚糸文系土器群と押型文土器系土器群の関係」『縄文時代』一
松田真一　一九九一「山添村布目川流域の遺跡六」『奈良県遺跡調査概報』橿原考古学研究所
鈴木正博　一九九二「「武者ヶ谷式土器」の意義」『古代』第九四号
可児通宏　一九九二「復元されたシベリアの縄文施文の土器」『季刊考古学』三八
濱　修ほか　一九九二「蛍谷遺跡・石山遺跡」『瀬田川浚渫工事他関連埋蔵文化財発掘調査報告』一　滋賀県教育委員会
東京都埋蔵文化財センター　一九九二『縄文誕生　展示解説』
矢野健一　一九九三「押型文土器の起源と変遷」『考古学雑誌』七八―四
土肥　孝・松田真一ほか　一九九四『一万年前を掘る』吉川弘文館
山田　猛ほか　一九九四「大鼻遺跡」『三重県埋蔵文化財調査報告』一〇〇―五　三重県埋蔵文化財センター
小熊博史・鈴木俊成・丑野　毅ほか　一九九四「新潟県小瀬が沢洞窟遺跡出土遺物の再検討」『環日本海地域の土器出現期の様相』
中川　明ほか　一九九七「粥見井尻遺跡発掘調査報告」『三重県埋蔵文化財調査報告』一五六　三重県埋蔵文化財センター
松田真一　一九九八「近畿地方における縄文時代草創期の編年と様相」『橿原考古学研究所論集』一三
大平山元Ⅰ遺跡発掘調査団　一九九九『大平山元Ⅰ遺跡の考古学調査』
谷口康浩　二〇〇二「日本および極東における土器出現の年代」『國學院大學考古学資料館紀要』一八
松田真一・守屋豊人　二〇〇二「桐山和田遺跡」『奈良県文化財調査報告書』第九一集
田部剛士　二〇〇三「大川遺跡のこれまでとこれから」『利根川』二四・二五
橋本裕行・石井香代子　二〇〇四「大川遺跡第六・七次調査」山添村教育委員会
岡田憲一・田部剛士　二〇〇六「鵜山遺跡」『奈良県立橿原考古学研究所報告』第九六冊
大窪淳司・熊谷博志ほか　二〇〇七『県営圃場整備事業田原東地区における埋蔵文化財発掘調査概要報告書』Ⅱ　奈良市教育委員会
滋賀県教育委員会　二〇一〇『相谷熊原遺跡発掘調査現地説明会資料』
光石鳴巳・辻本裕也ほか　二〇一二「奈良盆地におけるテフラ研究の現状と課題　付載、奈良盆地における遺構検出面基盤層の層序」
『奈良県立橿原考古学研究所研究紀要』第三五冊

大川遺跡

・奈良県山辺郡山添村大字中峰山1736
・電話　カントリーパーク大川管理事務所　0743（85）1021
・交通　車で名阪国道五月橋ICから約2キロ

公園化されており（カントリーパーク大川）、竪穴住居が復元され、管理棟内にパネル展示がある（水曜日（祝日の場合は翌日）と12～2月は休園）。

大川遺跡の現況

山添村歴史民俗資料館

・奈良県山辺郡山添村大字春日1770
・電話　0743（85）0250
・開館時間　9：00～16：00
＊事前予約必要
・入館料　無料
・休館日　月曜日（祝日の場合は翌日）祝日の翌日、12月25日～1月5日
・交通　JR・近鉄天理駅から国道山添行きバス「国道山添」下車徒歩約30分。伊賀鉄道上野市駅から国道山添行きバス「春日学園前」下車すぐ。車で名阪国道山添ICから約2キロ

奈良県指定文化財「旧春日小学校旧講堂」を利用し、村内の民俗資料を中心に展示しており、大川遺跡の遺物も常設展示している。

山添村歴史民俗資料館の展示

奈良県立橿原考古学研究所附属博物館

・奈良県橿原市畝傍町50―2
・電話　0744（24）1185
・開館時間　9：00～17：00（入館は16：30まで）
・入館料　一般400円、高校・大学生300円、小中学生200円（特別展は別料金）
・休館日　月曜日（祝日の場合は翌日）12月28日～1月4日
・交通　近鉄畝傍御陵前駅下車徒歩5分、橿原神宮前駅下車徒歩15分

橿原考古学研究所が一九三八年以来行ってきた発掘調査資料で構成した常設展示の縄文時代コーナーで大川遺跡の遺物を見ることができる。

刊行にあたって

「遺跡には感動がある」。これが本企画のキーワードです。

あらためていうまでもなく、専門の研究者にとっては遺跡の発掘こそ考古学の基礎をなす基本的な手段です。また、はじめて考古学を学ぶ若い学生や一般の人びとにとって「遺跡は教室」です。

日本考古学では、もうかなり長期間にわたって、発掘・発見ブームが続いています。そして、毎年厖大な数の発掘調査報告書が、主として開発のための事前発掘を担当する埋蔵文化財行政機関や地方自治体などによって刊行されています。そこには専門研究者でさえ完全には把握できないほどの情報や記録が満ちあふれています。しかし、その遺跡の発掘によってどんな学問的成果が得られたのか、その遺跡やそこから出た文化財が古い時代の歴史を知るためにいかなる意義をもつのかなどといった点を、莫大な記述・記録の中から読みとることははなはだ困難です。ましてや、考古学に関心をもつ一般の社会人にとっては、刊行部数が少なく、数があっても高価なその報告書を手にすることすら、ほとんど困難といってよい状況です。

いま日本考古学は過多ともいえる資料と情報量の中で、考古学とはどんな学問か、また遺跡の発掘から何を求め、何を明らかにすべきかといった「哲学」と「指針」が必要な時期にいたっていると認識します。

本企画は「遺跡には感動がある」をキーワードとして、発掘の原点から考古学の本質を問い続ける試みとして、日本考古学が存続する限り、永く継続すべき企画と決意しています。いまや、考古学にすべての人びとの感動を引きつけることが、日本考古学の存立基盤を固めるために、欠かせない努力目標の一つです。必ずや研究者のみならず、多くの市民の共感をいただけるものと信じて疑いません。

監　修　戸沢　充則

編集委員　勅使河原彰　小野　昭　小野　正敏　石川日出志　小澤　毅　佐々木憲一

著者紹介

松田真一（まつだ・しんいち）

1950年奈良県生まれ。明治大学文学部卒業
ならシルクロード学研究センター研究員、奈良県立橿原考古学研究所調査研究部長、同副所長、同附属博物館館長などを経て、現在、天理大学附属天理参考館特別顧問、香芝市二上山博物館館長

主要著作　『大川遺跡』山添村教育委員会（編著）、『奈良県の縄文時代遺跡研究』由良大和古代文化研究協会、『一万年前を掘る』吉川弘文館（編著）、『桐山和田遺跡』奈良県立橿原考古学研究所（編著）、『吉野 仙境の歴史』文英堂（編共著）、『重要文化財橿原遺跡出土品の研究』奈良県立橿原考古学研究所（編共著）など

写真提供（所蔵）

奈良県立橿原考古学研究所：図3・12上・13・14・15・17・18・19・21・22・23・24・28・29・33・42右／奈良県立橿原考古学研究所附属博物館：図6・8・10・11・16・19／伊賀市教育委員会：図4／同志社大学歴史資料館：図5上／「旅して」http://tabisite.com：図25／三重県埋蔵文化財センター：図26・27・30・37／滋賀県教育委員会：図31／鹿児島県埋蔵文化財センター：図42左／山添村：p.93写真

図版出典（一部改変）

図1：国土地理院1/200000地勢図「京都及大阪」「名古屋」「和歌山」「伊勢」／図2：国土地理院1/25000地形図「月ヶ瀬」／図5下・7：酒詰仲男・岡田茂弘1958「大川遺跡」『奈良県文化財調査報告（埋蔵文化財編）』2、奈良県教育委員会／図12下：松田真一・守屋豊人2002「桐山和田遺跡」『奈良県文化財調査報告書』第91集／図20：松田真一ほか1989『大川遺跡―縄文時代早期遺跡の発掘調査報告書―』山添村教育委員会／図34：可児通宏1989「押型文系土器様式」『縄文土器大観』小学館／図35：岡本東三1980「神宮寺・大川式押型紋土器について」『藤井祐介君追悼記念考古学論叢』／図38：稲田孝司1986「縄文文化の形成」『日本考古学』6、岩波書店／図40：大窪淳司・熊谷博志ほか2007『県営圃場整備事業田原東地区における埋蔵文化財発掘調査概要報告書』Ⅱ、奈良市教育委員会／図41：佐々木玉季

シリーズ「遺跡を学ぶ」092

奈良大和《やまと》高原の縄文文化・大川《おおこ》遺跡

2014年　4月　3日　第1版第1刷発行

著　者＝松田真一

発行者＝株式会社　新　泉　社

東京都文京区本郷2－5－12

TEL 03（3815）1662／FAX 03（3815）1422

印刷／三秀舎　製本／榎本製本

ISBN978-4-7877-1332-2　C1021

シリーズ「遺跡を学ぶ」

A5判／96頁／定価各1500円＋税

●第Ⅰ期（全31冊完結・セット函入 46500円＋税）

01 北辺の海の民・モヨロ貝塚　米村 衛
02 天下布武の城・安土城　木戸雅寿
03 古墳時代の地域社会復元・三ツ寺Ⅰ遺跡　若狭 徹
04 原始集落を掘る・尖石遺跡　勅使河原彰
05 世界をリードした磁器窯・肥前窯　大橋康二
06 五千年におよぶムラ・平出遺跡　小林康男
07 豊饒の海の縄文文化・曽畑貝塚　木﨑康弘
08 未盗掘石室の発見・雪野山古墳　佐々木憲一
09 氷河期を生き抜いた狩人・矢出川遺跡　堤 隆
10 描かれた黄泉の世界・王塚古墳　柳沢一男
11 江戸のミクロコスモス・加賀藩江戸屋敷　追川吉生
12 北の黒曜石の道・白滝遺跡群　木村英明
13 古代祭祀とシルクロードの終着地・沖ノ島　弓場紀知
14 黒潮を渡った黒曜石・見高段間遺跡　池谷信之
15 縄文のイエとムラの風景・御所野遺跡　高田和徳
16 鉄剣銘一一五文字の謎に迫る・埼玉古墳群　高橋一夫
17 石にこめた縄文人の祈り・大湯環状列石　秋元信夫
18 土器製塩の島・喜兵衛島製塩遺跡と古墳　近藤義郎
19 縄文の社会構造をのぞく・姥山貝塚　堀越正行
20 大仏造立の都・紫香楽宮　小笠原好彦
21 律令国家の対蝦夷政策・相馬の製鉄遺跡群　飯村 均
22 筑紫政権からヤマト政権へ・豊前石塚山古墳　長嶺正秀
23 弥生実年代と都市論のゆくえ・池上曽根遺跡　秋山浩三
24 最古の王墓・吉武高木遺跡　常松幹雄
25 石槍革命・八風山遺跡群　須藤隆司
26 大和葛城の大古墳群・馬見古墳群　河上邦彦
27 南九州に栄えた縄文文化・上野原遺跡　新東晃一
28 泉北丘陵に広がる須恵器窯・陶邑遺跡群　中村 浩
29 東北古墳研究の原点・会津大塚山古墳　辻 秀人
30 赤城山麓の三万年前のムラ・下触牛伏遺跡　小菅将夫
別01 黒耀石の原産地を探る・鷹山遺跡群　黒耀石体験ミュージアム

●第Ⅱ期（全20冊完結・セット函入 30000円＋税）

31 日本考古学の原点・大森貝塚　加藤 緑
32 斑鳩に眠る二人の貴公子・藤ノ木古墳　前園実知雄
33 聖なる水の祀りと古代王権・天白磐座遺跡　辰巳和弘
34 吉備の弥生大首長墓・楯築弥生墳丘墓　福本 明
35 最初の巨大古墳・箸墓古墳　清水眞一
36 中国山地の縄文文化・帝釈峡遺跡群　河瀬正利
37 縄文文化の起源をさぐる・小瀬ヶ沢・室谷洞窟　小熊博史
38 世界航路へ誘う港市・長崎・平戸　川口洋平
39 武田軍団を支えた甲州金・湯之奥金山　谷口一夫
40 中世瀬戸内の港町・草戸千軒町遺跡　鈴木康之
41 松島湾の縄文カレンダー・里浜貝塚　会田容弘
42 地域考古学の原点・月の輪古墳　近藤義郎・中村常定
43 天下統一の城・大坂城　中村博司
44 東山道の峠の祭祀・神坂峠遺跡　市澤英利
45 霞ヶ浦の縄文景観・陸平貝塚　中村哲也
46 律令体制を支えた地方官衙・弥勒寺遺跡群　田中弘志
47 戦争遺跡の発掘・陸軍前橋飛行場　菊池 実
48 最古の農村・板付遺跡　山崎純男
49 ヤマトの王墓・桜井茶臼山古墳・メスリ山古墳　千賀 久
50 「弥生時代」の発見・弥生町遺跡　石川日出志

●第Ⅲ期（全26冊完結・セット函入 39000円＋税）

51 邪馬台国の候補地・纒向遺跡　石野博信
52 鎮護国家の大伽藍・武蔵国分寺　福田信夫
53 古代出雲の原像をさぐる・加茂岩倉遺跡　田中義昭
54 縄文人を描いた土器・和台遺跡　新井達哉
55 古墳時代のシンボル・仁徳陵古墳　一瀬和夫
56 大友宗麟の戦国都市・豊後府内　玉永光洋・坂本嘉弘
57 東京下町に眠る戦国の城・葛西城　谷口 榮
58 伊勢神宮に仕える皇女・斎宮跡　駒田利治
59 武蔵野に残る旧石器人の足跡・砂川遺跡　野口 淳
60 南国土佐から問う弥生時代像・田村遺跡　出原恵三
61 中世日本最大の貿易都市・博多遺跡群　大庭康時
62 縄文の漆の里・下宅部遺跡　千葉敏朗
63 東国大豪族の威勢・大室古墳群〔群馬〕　前原 豊
64 新しい旧石器研究の出発点・野川遺跡　小田静夫
65 旧石器人の遊動と植民・恩原遺跡群　稲田孝司
66 古代東北統治の拠点・多賀城　進藤秋輝
67 藤原仲麻呂がつくった壮麗な国庁・近江国府　平井美典
68 列島始原の人類に迫る熊本の石器・沈目遺跡　木﨑康弘
69 奈良時代からつづく信濃の村・吉田川西遺跡　原 明芳
70 縄紋文化のはじまり・上黒岩岩陰遺跡　小林謙一
71 国宝土偶「縄文ビーナス」の誕生・棚畑遺跡　鵜飼幸雄
72 鎌倉幕府草創の地・伊豆韮山の中世遺跡群　池谷初恵
73 東日本最大級の埴輪工房・生出塚埴輪窯　高田大輔
74 北の縄文人の祭儀場・キウス周堤墓群　大谷敏三
75 浅間山大噴火の爪痕・天明三年浅間災害遺跡　関 俊明
別02 ビジュアル版旧石器時代ガイドブック　堤 隆

●第Ⅳ期　好評刊行中

76 遠の朝廷・大宰府　杉原敏之
77 よみがえる大王墓・今城塚古墳　森田克行
78 信州の縄文早期の世界・栃原岩陰遺跡　藤森英二
79 葛城の王都・南郷遺跡群　坂 靖・青柳泰介
80 房総の縄文大貝塚・西広貝塚　忍澤成視
81 前期古墳解明への道標・紫金山古墳　阪口英毅
82 古代東国仏教の中心寺院・下野薬師寺　須田 勉
83 北の縄文鉱山・上岩川遺跡群　吉川耕太郎
84 斉明天皇の石湯行宮か・久米官衙遺跡群　橋本雄一
85 奇異荘厳の白鳳寺院・山田寺　箱崎和久
86 京都盆地の縄文世界・北白川遺跡群　千葉 豊
87 北陸の縄文世界・御経塚遺跡　布尾和史
88 東西弥生文化の結節点・朝日遺跡　原田 幹
89 狩猟採集民のコスモロジー・神子柴遺跡　堤 隆
90 銀鉱山王国・石見銀山　遠藤浩巳
91 「倭国乱」と高地性集落論・観音寺山遺跡　若林邦彦
92 奈良大和高原の縄文文化・大川遺跡　松田真一
93 ヤマト政権の一大勢力・佐紀古墳群　今尾文昭
別03 ビジュアル版縄文時代ガイドブック　勅使河原彰
別04 ビジュアル版古墳時代ガイドブック　若狭 徹